10대를 위한
나를 지키는

이야기

보랏빛소 어린이 Borabit Cow

우리를 지켜 주는
든든한 친구

여러분은 '법'이라고 하면 어떤 모습이 떠오르나요?

법정에서 변호사와 검사가 심각하게 의견을 주고받는 장면?

한 손에 죄의 무게를 잴 저울을 든 '정의의 여신'?

아니면 뉴스에 나오는 어려운 법적 용어들?

많은 친구가 법을 '복잡하고 어려운 것', '나랑 상관없는 어른들의 세계에 속한 것'이라고 생각해요. 하지만 정말 그럴까요?

사실 법은 여러분이 깨어 일어나는 순간부터 잠드는 순간까지 늘 곁에 있어요. 아침에 일어나 학교에 갈 때 신호등을 지키는 것, 점심시간에 영양과 위생이 잘 지켜진 급식을 먹는 것, 숙제를 할 때 다른 사람의 글이나 그림을 허락 없이 사용하지 않는 것 등 우리의 일상에 담긴 많은 일들이 법과 연결되어 있답니다.

법은 사람들이 함께 살아갈 때 반드시 지켜야 하는 '강제력이 있는 약속'이에요. 예를 들어, 만 6세가 되면 초등학교에 입학해야 하는 것, 다른 사람의 물건을 함부로 가져가면 안 되는 것, 다른 사람을 속이거나 때리면 안 되는 것 등, 이 모두가 법으로 정해진 약속이지요. 우리가 잘 아는 또 다른 약속인 '도덕'을 어기면 다른 사람들의 미움을 받거나 원망을 듣지만, '법'을 어기면 잘못의 무게에 따른 처벌을 받게 돼요.

그렇다고 법이 벌을 주기 위한 무서운 것만은 아니에요. 억울한 일을 당했을 때 우리를 도와주고, 나쁜 일을 멈추게 하며, 다치거나 피해를 보지 않도록 지켜 주는 역할을 하지요. 우리가 가진 권리를 지켜 주기 위한 보이지 않는 방패이자, 사회의 질서와 정의를 수호하는 강력한 무기와도 같답니다.

자, 혹시 여러분은 이런 것들이 궁금하지 않았나요?

◆ 왜 미성년자는 함부로 계약하거나 아르바이트를 할 수 없을까?

◆ 우연히 학대를 당하고 있는 친구를 발견하면 어떻게 해야 할까?

◆ 학교폭력을 당했을 때 현명하게 대응하는 방법은 무엇일까?

◆ 내가 만든 그림이나 이야기, 발명품 등을 지킬 권리는 무엇일까?

◆ 다른 사람을 촬영한 사진을 왜 함부로 SNS에 올리면 안 되는 걸까?

◆ 누군가 나에 대해 거짓 소문을 냈을 때, 어떻게 대처해야 할까?

◆ 선거에서 이기기 위해 다른 후보를 비방하는 건 괜찮을까?

이런 질문들에 대한 답을 찾고 싶다면, 어서 책장을 넘겨보세요. 재미있는 이야기와 실제 법률 지식을 흥미롭게 알려 줄 거예요.

법을 아는 것은 공평하고 안전한 세상을 만드는 첫걸음이에요. 누군가가 나를 괴롭히거나, 내 물건을 함부로 가져가거나, 내 작품을 훔쳐가려 할 때 당당하게 "안 돼!"라고 말할 수 있고, 친구와 갈등이 생겼을 때 싸움 대신 대화와 규칙으로 해결할 방법을 찾을 수 있게 하지요. 이렇듯 여러분이 권리를 알고 지킬 수 있는 사람이 된다면 나뿐만 아니라 친구, 가족, 그리고 우리 모두를 지킬 수 있어요. 그때 우리는 불공평한 일 앞에서 '그냥 참는 사람'이 아니라, '당당히 목소리를 내는 사람'이 될 수 있답니다.

이 책을 읽고 나면, 법이 단순히 어려운 규칙이 아니라 '내 삶을 지켜 주는 든든한 힘'이라는 걸 느낄 수 있을 거예요.

오늘부터 여러분이 세상을 똑똑하고 용기 있게 바라보는 '법의 진짜 주인공'이 되길 응원합니다!

호기심 많고 세상을 사랑하는 어린이들의 친구, 서민 작가

차례

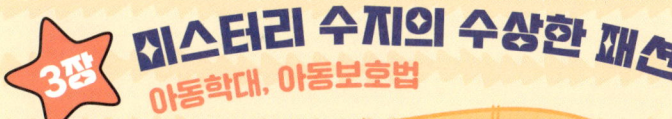

3짱 미스터리 수지의 수상한 패션
아동학대, 아동보호법

4짱 웃긴 사진으로 골탕 먹이기!
초상권

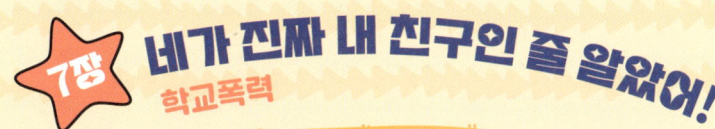

7장 네가 진짜 내 친구인 줄 알았어!
학교폭력

8장 좌충우돌 반장 선거
공직선거법

투표함

1장

게임 아이템이 진짜 결제됐다니!

미성년자 법률 행위

⭐ 앗싸! 꿀 같은 방학 첫날

룰루랄라.

대기는 아까부터 콧노래가 절로 나왔어요.

오늘부터 여름 방학이 시작되었거든요. 심지어 며칠간은 학원도 방학이지요.

그런데 사실 어제까지는, 아니 오늘 아침까지만 해도 방학이 그다지 반갑지 않았어요.

며칠 전부터 친구들은 해외나 국내 유명 여행지, 아니면 시골에 계신 할머니 댁이라도 다녀온다며 잔뜩 들떠 있었어요. 하지만 대기는 이번 방학에 아무 데도 가지 못해요. 아빠, 엄마가 모두 바쁘시거든요. 게다가 학원까지 방학을 하면 한동안 집에서 온종일 시간을 보내야 해요. 텅 빈 집에 혼자 덩그러니 남겨질 생각을 하니 속상했어요.

"대기야, 미안해. 방학을 맞아 함께 여행이라도 가면 좋은데, 아빠, 엄마 모두 바쁜 일이 겹쳐서 휴가를 쓸 수가 없었어. 대신, 여기 용돈! 아이스크림이랑 과자, 네가 먹고 싶은 간식 마음껏 사 먹어. 방학이라고 기대 많이 했을 텐데 이렇게라도 즐겨야지!"

엄마가 식탁 위에 용돈을 두둑이 올려놓으며 말했어요.

하지만 대기가 원하는 것은 따로 있었어요.

"엄마, 그럼 휴대폰에 게임 앱 깔아도 돼요? 전 계정이 없어서 엄마 계정으로 로그인해야 하는데……. 학원 방학 동안만이라도 하게 해 주세요. 많이 안 할게요."

대기는 방학을 즐기라는 엄마의 말에 냉큼 휴대폰 게임을 하게 해 달라고 졸랐어요. 엄마는 잠시 고민하더니 웃으며 고개를 끄덕였어요.

"그래, 대신 방학 동안만이다."

"야호, 엄마 최고!"

어느새 우울했던 마음이 눈 녹듯 사라지고 대기는 금세 신이 났지요. 서둘러 과자와 아이스크림을 몽땅 사 와서 소파에 편안하게 자리를 잡고 게임을 내려받았어요. 그동안 하고 싶었던 게임들이 하나둘 휴대폰 화면에 자리 잡는 것을 보니 가슴이 벅찼어요.

✦ 초강력 아이템이 내 손에

"아 진짜! 또 당했어!"

평소 친구들 게임을 구경할 때는 무척 간단해 보였는데, 막상 해 보니 쉽지 않았어요. 사실 1, 2단계쯤은 쉽게 통과했는데 꼭 3단계가 문제였어요. 이제 드디어 끝났다 싶으면 마지막 기습 공격에서 여지없이 'GAME OVER'. 그러면 다시 1단계부터 시작해야 했지요.

대기는 결국 짜증이 폭발해서 그냥 게임을 종료하려고 했어요. 그런데 그때 갑자기 게임 화면 위로 광고가 하나 떴어요.

'다시 없을 최고의 기회! 클릭 한 번이면 초강력 아이템이 내 것!'

지금 신청하는 사람들만 초강력 아이템을 무료로 체험할 수 있게 해

준다는 거예요. 그것도 초특급 레어 아이템을 말이에요! 진짜 그것만 있으면 어떤 적이 나타나도 걱정이 없었지요. 그런데 이게 무료라고? 대기의 눈에 체험 버튼이 아주 매력적으로 반짝였어요.

어느새 체험 이벤트 시간이 다 끝나 가는지 광고창이 빠르게 깜빡거리기 시작했어요. 대기는 뭐에 홀린 듯이 광고를 클릭해서 체험 신청 페이지로 넘어갔어요. 엄마 휴대폰에 저장된 정보들이 자동으로 입력되었지요.

마지막 완료 버튼 아래 깨알 같이 작은 글씨로 뭐라고 적혀 있었지만 그다지 중요한 것 같지 않았어요. 그리고 지금 그런 걸 읽고 있을 때가 아니었어요. 서둘러 아이템을 획득한 대기는 이번에야말로 깨고 말겠다는 의지로 게임을 시작했어요. 역시 아이템 덕분인지 그 어렵던 3단계도 손쉽게 클리어 했지요.

끈질기게 덤벼들던 적들이 아이템 한 방에 우수수 떨어져 나갔어요. 게임 레벨이 계속 올라갔어요. 역시 게임은 템빨이라더니, 대기는 막강 아이템이 생긴 뒤 매일매일 게임하는 재미에 푹 빠져 지냈어요.

⭐ 우리 집에 무슨 일이?

그러는 사이 방학이 훌쩍 지나가 버렸어요. 다시 대기는 학교와 학원을 오가며 바쁘게 지내는 일상으로 돌아왔지요.

그러던 어느 날이었어요.

학교 수업을 마치고 돌아왔는데 현관에 아빠, 엄마의 신발이 보였어요. 평소 같으면 두 분 다 직장에 있어야 할 시간이었는데 말이에요.

"아빠, 엄마? 집에 있어요? 학교 다녀왔습니다!"

대기는 반가운 마음에 큰 소리로 인사하며 집 안으로 들어섰어요.

그런데 아무도 인사를 받아 주지 않았답니다. 아빠는 식탁에 앉아 양손으로 머리를 감싸고 무겁게 한숨을 쉬고 있었고, 엄마는 누군가와 통화를 하느라 바빠 보였어요.

그때 마침 대기를 발견한 엄마는 날카로운 눈초리로 대기를 노려보았어요. 무슨 일이 있었는지 눈가도 붉게 얼룩져 있었지요.

"환불해 주세요. 제가 산 게 아니라니까요. 아니, 제 계정인 건 맞아요. 글쎄, 진짜 아니라고요."

얼핏 전화 내용을 들어 보니 엄마는 누군가에게 계속 돈을 돌려 달라고 부탁하고 있었어요.

'대체 무슨 일이지?'

대기는 영문을 몰라 답답했어요. 하지만 뭔가 심각한 일이 발생했다는 것은 느낄 수 있었죠. 아빠가 어리둥절해하는 대기를 가까이 불러 조용히 말했어요.

"대기야, 너 도대체 엄마 계정으로 게임 아이템을 얼마나 사들인 거냐? 지금 네가 결제한 금액이 얼마인 줄이나 알아? 무려 4백만 원이 엄마 계좌에서 빠져 나갔다고.”

아빠는 지칠 대로 지쳐서 더는 따져 물을 힘도 없는 것 같았어요.

⭐ 억울해! 난 정말 몰랐단 말이야

“아니에요! 엄마 계정으로 로그인해서 게임을 내려받은 건 맞지만 아이템을 유료로 결제한 적은 없어요. 정말이에요!”

대기는 너무 억울해서 절대 아니라고 소리쳤어요.

그랬더니 엄마가 게임과 아이템 이름을 들먹이며 물었어요.

“이 게임이랑 아이템 정말 몰라?”

어라? 그 아이템은 대기가 무료 체험으로 신청했던 것이었지요.

“그 아이템을 신청한 건 맞지만 무료로 이용할 수 있다고 했어요. 돈 내야 한다는 말은 없었어요!”

“정말이야? 제대로 확인한 거 맞아? 그럼 사이트상에 오류가 있었던 건가?”

엄마는 대기의 말을 듣고 다시 해당 게임의 고객센터에 전화를 걸었어요. 하지만 알고 보니 그 아이템은 3일만 무료 체험이고, 그 이후부터는 자동 결제가 되는 거였대요. 너무 글씨가 작아 대수롭지 않게 넘

17

겼던 안내문에 그 내용이 쓰여 있었다고 해요. 엄마는 아이가 뭘 잘 모르고 실수로 결제가 된 것 같다고 설명했지만, 해당 업체에서는 엄마 계정으로 로그인되었기 때문에 진짜 아이가 결제한 건지 어떻게 아느냐고 반박했어요.

대기는 정말 이런 일이 생길 줄은 꿈에도 몰랐답니다. 자기 때문에 가족 모두가 힘들어졌다는 사실에 너무 괴로웠어요.

우리는 계약이라고 하면 흔히 어른들이 멋지게 차려 입고 서류에 사인하는 장면을 떠올리기 쉬워요. 하지만 아이템처럼 물건을 결제하거나 빌리는 행위 역시 일종의 계약 행위에 해당해요. 계약이라고 하면 좀 어렵게 느껴지지만 일종의 약속과 비슷한 개념이랍니다. 다만 꼭 지켜야 하는 법적인 효력을 가지고 있다는 점이 달라요.

　그런데 이야기 속 대기의 경우, 두 가지 법적 문제를 안고 있어요. 하나는 게임 회사가 아이템 결제에 대해 명확하게 고지하지 않았다는 점이에요. 사업자는 이용자가 실수 또는 착오 없이 거래할 수 있도록, 계약 체결 전에 콘텐츠에 대한 정보를 적절한 방법으로 표시·광고 및 고지해야 하는 의무가 있거든요.

그리고 또 하나는 대기가 미성년자라는 점이에요. 미성년자가 계약을 체결하려면, 즉 아이템을 구매하려면 법정대리인의 동의를 얻어야만 해요. 이때 법정대리인이란 부모님을 뜻해요. 부모님이 없는 경우에는 그 역할을 대신할 수 있는 후견인을 뜻하지요. 이러한 법정대리인의 동의 없이 미성년자가 계약했을 때는 미성년자 본인이나 법정대리인이 취소할 수 있어요.

그럼 대기는 환불받을 수 있을까요? 사실 명확하게 알 수 없어요. 핸드폰을 통한 비대면 결제였기 때문이죠. 결제를 취소하려면 엄마 계정을 이용해 미성년자인 대기가 결제했다는 사실을 반드시 증명해야 하거든요. 그리고 아무리 미성년자라고 해도 계약할 때 법정대리인의 동의를 받은 것처럼 의도적으로 속였을 때는 법의 보호를 받을 수 없답니다.

관련 법률을 살펴봐요

민법 제5조

① 미성년자가 법률 행위를 함에는 법정대리인의 동의를 얻어야 한다. (…)
② 전항의 규정에 위반한 행위는 취소할 수 있다.

민법 제17조

① 제한능력자가 속임수로써 자기를 능력자로 믿게 한 경우에는 그 행위를 취소할 수 없다.
② 미성년자나 피한정후견인이 속임수로써 법정대리인의 동의가 있는 것으로 믿게 한 경우에도 제1항과 같다.

Q1 우리를 미성년자라고 부르는데 정확한 의미가 뭐야? 청소년이랑 같은 말이야?

A 미성년자란 말 그대로 아직 '성년'에 이르지 않은 사람을 의미해. 민법에 따르면, 19세 미만인 사람을 말하지. 각종 법률에서는 이러한 미성년자의 안전한 성장과 발달을 위해 법률을 통해 행동에 제한을 두고 있어. 청년과 소년을 합쳐서 부르는 말인 청소년은 미성년과 비슷한 듯하지만 정확히 일치하진 않아. '청소년 기본법'에서는 9세 이상~24세 이하인 사람을 청소년으로 규정하고 있어. 반면에 '청소년 보호법'에서는 19세 미만인 사람을 청소년으로 보되, 19세가 되는 해의 1월 1일을 맞이한 사람은 제외돼. 이처럼 청소년의 나이는 법마다 다르게 정해져 있어. 각 법률이 서로 다른 목적을 가지고 있기 때문에, 그에 따라 청소년을 정의하는 기준도 달라지는 거야.

Q2 학교 끝나고 집에 가는 길에 학습지를 판매하는 아저씨가 최신형 변신 로봇을 준다고 학습지 체험 신청서를 작성하라는 거야. 변신 로봇을 받을 생각에 신이 나서 서둘러 신청서를 작성했지. 그런데 나중에 알고 보니 무료 체험 기간이 끝나면 자동으로 유료 결제가 되는 거였어. 그래서 취소해 달라고 하니깐 내가 이미 사은품으로 받은 변신 로봇을 가지고 놀았다고 취소 수수료에 사은품 정가까지 물어내야 한대. 어떡하지?

A 우선 부모님의 허락도 받지 않고 체험 신청서에 너의 개인 정보를 함부로 남기는 건 옳지 않아. 하지만 아저씨가 부모님의 동의를 구하지 않고 미성년자인 너하고만 계약했다면 앞서 배운 민법 제5조에 따라 계약을 취소할 수 있어. 네가 사은품을 받았다고 해도 상관없이 말이야. 그래도 앞으로는 사은품에 마음이 뺏겨 소중한 개인 정보를 함부로 넘기지 않도록 조심해야 해!

#미성년자 법률 행위
"조금 더 자세히 알아봐요!"

 실제로 이런 일이 있었어요

2020년 11세 초등학생 A양이 엄마의 휴대폰으로 인터넷 라이브 방송을 시청하다가 진행자(BJ)들에게 1억 3,000만 원이 넘는 금액을 후원해 사회적 논란이 되었어요. 본래 그 앱은 14세 이상부터 다운로드가 가능하지만, A양은 뇌병변장애와 시각장애가 있는 엄마의 휴대폰에 몰래 앱을 깔아 이용한 것이었어요. 그 앱에는 BJ에게 후원하거나 응원하는 의미로 보내는 다이아몬드라는 아이템이 있는데요. 이 다이아몬드를 많이 보내면 진행자가 '회장님', '사장님'이라 부르며 특별 대우를 해 준다고 해요. A양은 그런 모습이 부러워서 계속해서 다이아몬드를 구매해 BJ들에게 보냈던 거예요. 그 과정에서 휴대폰에 연동된 엄마 계좌에서 부모님 동의도 없이 결제되었고요.

사실 그 돈은 가족의 전세 보증금이었어요. 결국 A양의 아버지가 생활고를 호소하면서 라이브 방송 앱 측에 환불을 요청해야만 했어요. 다행히 A양이 법률 행위를 할 수 없는 미성년자였음을 해당 진행자들이 알고 있었기에 거래 취소가 가능하여 전액 모두 환불되었어요.

미성년자가 부모의 빚을 상속받는 피해를 막기 위해 법을 만들고 있어요

부모의 빚을 상속받아 경제적으로 어려움에 처한 미성년자들을 보호할 수 있는 '빚 대물림 방지법'이 2022년 12월 13일부터 공포 및 시행되고 있어요.

예전에는 부모가 남긴 재산보다 빚이 더 많아도, 제때 상속을 포기하거나 한정 승인을 하지 않으면 빚을 고스란히 떠안을 수밖에 없었어요. 특히 부모님과 따로 살거나 가족이 흩어져 연락이 닿지 않은 경우, 부모에게 어떤 빚이 있었는지 정확하게 알기 어려워 피해가 많았어요. 이혼 가정이 늘면서 이런 사례도 증가했죠.

하지만 법이 개정되면서, 부모 빚을 물려받은 미성년자가 성인이 된 후 물려받을 재산보다 빚이 더 많음을 안 날부터 3개월 내에 한정승인을 신청할 수 있게 되었어요. 여기서 '한정승인'이란, 물려받을 재산 내에서 빚을 갚는 조건으로 상속을 받는 걸 말해요. 하지만 아직은 채권자(빌려준 사람)의 재산권을 어떻게 보호할지에 대한 논의가 여전히 필요하답니다.

글짓기는 정말 어려워

'휴, 뭘 써야 하지?'

예찬이는 책상 앞에 앉아 깊은 한숨을 내쉬었어요. 선생님이 교내 글짓기 대회에 제출할 글을 한 명도 빠짐없이 써 오라고 했거든요. 글을 잘 쓴 학생은 며칠 뒤 열릴 학예회에서 전교생과 부모님들 앞에서 상을 받게 된다고 말이에요.

사실 예찬이는 상을 받고 싶은 마음이 조금도 없었어요. 하지만 숙제를 끝내기 전까지는 축구하러 가지 못하도록 현관을 지키고 있는 엄마 때문에, 꼼짝없이 연필을 쥐고 앉아 있었지요. 책상 위에 펼쳐진 하얀 종이가 예찬이에게는 마치 넓디넓은 운동장 같았어요. 머리를 공 삼아 종이 위에 굴리고 또 굴려 봤지만, 도무지 좋은 글감이 떠오르지 않았어요.

때마침 누나가 방으로 들어왔어요.

26

"누나, 나 좀 도와줘. 빨리 숙제 끝내고 싶은데, 아무 생각도 안 나."

사실 누나는 공부도 잘하고 글짓기도 곧잘 해서 대회에서 상도 여러 번 받았거든요. 누구든 붙잡고 도움을 청하고 싶었던 예찬이에게, 누나는 그야말로 금 동아줄처럼 보였어요. 예찬이는 간절한 눈빛을 보내며 도와달라고 매달렸어요.

"어렵게 생각할 것 없어. 평소 네가 좋아하거나 관심 있는 내용을 쓰면 돼. 아니면 즐거웠던 일을 일기나 편지처럼 써 보는 건 어때?"

누나는 별것 아니라는 듯 가볍게 이야기했어요. 쓸 내용을 줄줄 불러 주지 않을까 기대했던 예찬이는 무척 실망했지요.

✨ 진짜 금 동아줄을 찾은 건가?

"됐다, 됐어. 그냥 나가! 아니다, 내가 서재로 갈게."

예찬이는 누나를 뒤로한 채 원고지와 필통을 챙겨 서재로 향했어요. 아빠와 엄마도 집중해서 일할 때는 서재로 가거든요. 하지만 자리만 바꾼다고 갑자기 빛나는 아이디어가 떠오르는 건 아니었죠.

예찬이는 답답한 마음에 아빠의 책장을 쭉 훑어보았어요. 그러다 아빠와 엄마의 어려운 책들 사이에서, 낡은 노트 같은 것이 눈에 들어왔어요.

'문화국민학교 3학년 2반 학급 문집'

그것은 아빠의 어린 시절 학급 문집이었죠. 지금의 '초등학교'가 예전엔 '국민학교'였다는 이야기를 들어 보긴 했지만, 진짜 그렇게 쓰인 표지를 보니 기분이 묘했어요.

그런데 촌스럽고 유치한 표지와는 달리, 문집 속에는 재미있는 글이 무척 많았지요. 특히 축구 선수의 꿈을 가진 '김수철' 아저씨의 글이 마음에 쏙 들었어요. 축구를 사랑하는 마음이 예찬이와 똑 닮아 있었거든요. 마치 예찬이 마음속에 들어와 보기라도 한 것처럼요.

바로 그때, 예찬이의 마음 한 편에서 달콤한 속삭임이 들려왔어요.

'이거 베껴 쓰자! 꼭 네가 쓴 거 같잖아. 진짜 금 동아줄을 찾았네!'

하지만 차마 그럴 수는 없었어요. 그건 올바른 일이 아니니까요.

그런데 이내 또 다른 생각이 고개를 들었지요.

'이건 30년도 더 지난 옛날 글이라고. 누가 알겠어? 게다가 오늘 축구 안 할 거야?'

그 생각이 스치자, 갑자기 절대 들키지 않을 것 같은 묘한 안도감이 밀려왔어요. 이제는 어떻게든 빨리 숙제를 끝내고 축구를 하러 나가고 싶다는 생각밖에 들지 않았지요.

예찬이는 두근두근 콩닥대는 가슴을 두 손으로 지그시 눌러 진정시켰어요.

우선 '나는야 미래의 축구 선수'라는 제목과 '김예찬' 이름을 원고지 위에 또박또박 눌러 썼어요. 그다음, 본문을 베껴 쓰기 시작했어요. 모두

다 옮겨 적은 후에는 자기 이름 아래 적힌 글을 천천히 다시 읽어 보았죠. 왠지 이제는 정말 자기가 직접 쓴 글처럼 느껴졌어요.

어느새 걱정되고 두려웠던 마음이 눈 녹듯 사라졌어요.

⭐ 내가 상을 받는다고?

글짓기 대회가 끝나고 일주일쯤 지난 뒤였어요.

"예찬아, 이리 좀 와 보렴."

쉬는 시간, 선생님이 예찬이를 불렀어요.

"예찬아, 네 글짓기 작품 말이야."

"네? 글짓기가 왜요?"

'글짓기'라는 말을 듣는 순간, 예찬이는 심장이 밖으로 튀어나올 것만 같았어요. 혹시 선생님이 베껴 쓴 걸 알아챈 걸까? 두려운 마음에 자기도 모르게 목소리를 높였지요.

"아니, 왜 그렇게 놀라? 이번에 네가 학년 최우수상에 뽑혀서 대표로 상을 받게 됐어. 김예찬! 대단하다! 아주 자랑스러워!"

선생님의 칭찬에 예찬이는 어찌할 바를 몰랐어요. 상상도 못한 일이 벌어진 거예요. 전교생 앞에서 상을 받게 되다니! 모두가 자신을 우러러볼 것을 생각하니, 어깨에 힘이 절로 들어갔어요. 들켰을까 봐 두려웠던 마음도 언제 그랬냐는 듯 슬며시 사라졌어요.

예찬이는 수업을 마치고 학교 도서관으로 향했어요. 오늘은 한 시간 더 늦게 끝나는 누나를 기다렸다가 함께 집에 가야 했거든요. 누나에게 상 받는다고 자랑할 생각에 책에는 눈이 가지 않았어요. 기다리는 시간이 유난히도 지루하게 느껴졌지요.

"이번 글짓기 대회 3학년 최우수상은 3학년 4반 김예찬 학생입니다!"

드디어 시상식을 하는 날이었어요. 예찬이는 재빨리 단상으로 올라가 교장 선생님께 상장과 부상을 받았어요. 사람들의 박수 소리가 강당을 가득 메웠지요. 상장과 부상을 양손에 나눠 들고 무대에서 내려가려던 순간, '세상에 하나뿐인 멋진 아들, 김예찬!'이라고 손수 만든 피켓을 높이 든 아빠, 엄마의 모습이 눈에 들어왔어요. 예찬이는 양손을 흔들며 알은체했고, 아빠와 엄마도 두 손을 높이 들어 하트를 만들어 보였어요.

"야, 김예찬. 그동안 이 멋진 글솜씨를 숨기고 있었던 거냐? 상 받았으니 한턱내야지!"

"예찬아, 네가 이렇게 글을 잘 쓰는 줄 몰랐어. 정말 축하해!"

친구들이 몰려와 예찬이를 칭찬했어요. 예찬이는 자기도 모르게 입꼬리가 슬며시 올라가고, 웃음이 비실비실 새어 나오는 걸 참느라 혼났지요.

⭐ 지금이라도 솔직하게

강당에서 나오자, 예찬이의 작품이 액자에 담겨 복도에 걸려 있었어요. 창문 너머로 쏟아지는 햇살을 받아 작품이 한층 더 찬란하게 빛나고 있었지요.

예찬이는 당당하게 가슴을 쫙 펴고, 친구들의 환호를 받으며 액자 앞으로 걸어갔어요.

그런데 가까이 다가가자, 자기 이름 석 자 위에 휘갈겨 쓴 빨간색 글자가 눈에 들어왔어요.

'도둑놈'

너무 당황해서 일단 그 글자를 가리기 위해 황급히 손을 뻗었어요.

하지만 이미 늦었어요. 주변에 모여 있던 친구들이 웅성거리기 시작했고, 예찬이를 향한 시선이 점점 따가워졌어요.

예찬이는 재빨리 액자를 떼어 냈어요.

"이 거짓말쟁이, 훔친 글로 상을 받다니. 넌 글 도둑이야!"

"도둑! 도둑! 도둑!"

예찬이를 비난하는 친구들의 목소리가 하나둘 터져 나왔어요. 예찬이는 너무 무섭고 부끄러웠어요. 도망치고 싶었지만 자신을 둘러싼 친구들 사이를 뚫고 나갈 수가 없었지요.

'제발 누가 나 좀 구해 줘! 잘못했어. 앞으로 절대로 베끼지 않을게.'

그 순간, 누군가가 예찬이의 어깨를 세차게 흔들었어요.

"야, 김예찬! 일어나!"

누나였지요. 누나를 기다리다가 깜빡 잠이 들었던 거예요.

모든 게 꿈이었음을 알고 나니 안도감이 밀려왔어요.

그리고 그런 자신을 다정하게 바라보는 누나를 보자, 왈칵 울음이 터져 나왔어요.

"예찬아, 왜 그래? 무슨 일이야?"

예찬이는 걱정스레 물어보는 누나에게 그동안 있었던 일들을 솔직하게 털어놓았어요.

"난 그냥 어려운 글짓기 숙제를 빨리 끝내 버리고 싶었어."

말하는 도중 또다시 눈물이 가득 차올랐어요.

"야, 너 몰랐어? 다른 사람의 돈이나 물건뿐만 아니라, 그 사람이 만든 것을 자기 것인 양 가로채는 것도 도둑질이야."

"난 그런 줄도 모르고 거짓말쟁이 글 도둑이 될 뻔했네. 지금이라도 선생님께 솔직히 말할래."

예찬이는 교실을 향해 몸을 돌렸어요. 선생님께 사실대로 이야기할 생각에 조금 부끄럽고 민망했지만, 마음만은 날아갈 듯 가벼웠지요.

이야기 속 법! 법! 법!

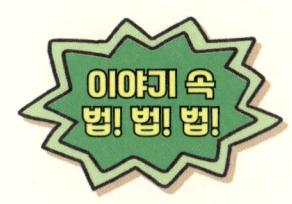

예찬이가 하마터면 거짓말쟁이 글 도둑이 될 뻔했네요. 상을 받기 전에 잘못을 뉘우치고 사실을 고백해서 참으로 다행이에요.

그런데 여러분의 생각은 어떤가요? 아무도 예찬이가 옛 학급 문집에 실린 글을 베꼈다는 사실을 몰랐잖아요. 예찬이만 모른 척 넘어갔더라면 상도 받고 부모님께 칭찬도 받을 수 있었을 텐데, 아쉽다는 생각이 들지는 않았나요?

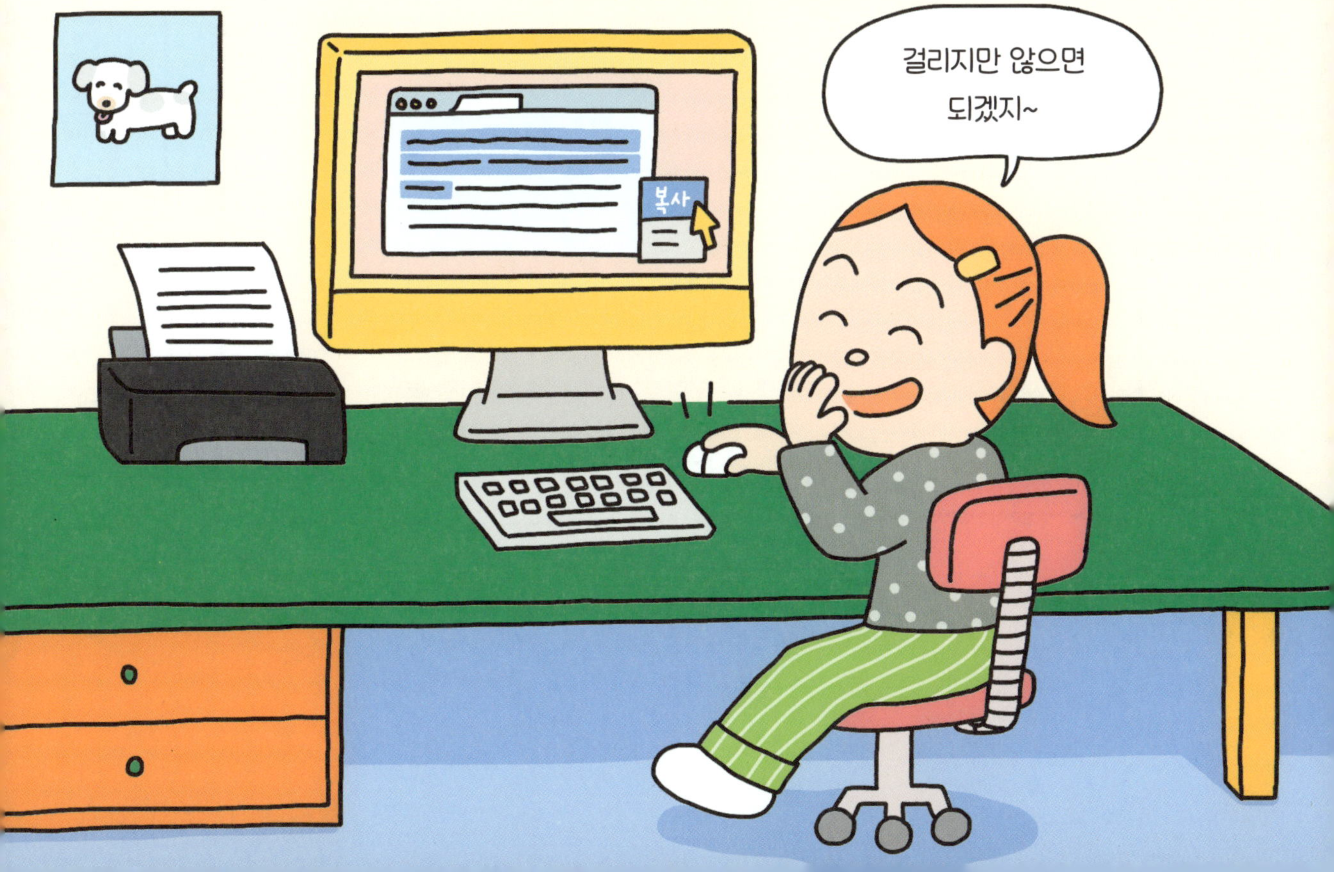
걸리지만 않으면
되겠지~
복사

하지만 아무도 몰랐다고 해도, 예찬이의 행동은 엄연히 불법 행위랍니다. 바로 '저작권법'을 위반한 것인데요. 저작권법이란 영상, 사진, 소설, 각본, 노래, 건축물, 컴퓨터 프로그램, 미술 작품 등 창작된 저작물을 만든 사람의 권리를 보호하기 위해 만든 법이에요.

예찬이처럼 다른 사람의 작품을 허락도 받지 않고 마음대로 사용하는 행동은 저작권자의 권리를 침해하는 심각한 범죄랍니다. 다만 저작권법 위반은 대부분 저작자가 고소해야 처벌할 수 있는 '친고죄'예요. 물론 그렇다고 해서 걸리지만 않으면 된다는 어리석은 생각은 절대 해서는 안 돼요!

관련 법률을 살펴봐요

저작권법 제2조(정의)
① "저작물"은 인간의 사상 또는 감정을 표현한 창작물을 말한다.
② "저작자"는 저작물을 창작한 자를 말한다.

저작권법 제136조(벌칙)
① 다음 각 호의 어느 하나에 해당하는 자는 5년 이하의 징역 또는 5천만 원 이하의 벌금에 처하거나 둘 다에 처할 수 있다.
  1. 저작재산권, 그 밖에 이 법에 따라 보호되는 재산적 권리를 복제, 공연, 공중송신, 전시, 배포, 대여, 2차적저작물 작성의 방법으로 침해한 자

Q1 내 친구가 북튜버가 되고 싶대. 책에서 좋았던 부분을 읽어 주고 책에 관한 정보나 읽은 후기도 함께 공유하고 싶다고 해. 이렇게 책 전체를 읽어 주는 게 아닌데도 출판사나 작가의 허락을 받아야 해?

A 책은 저작권의 보호를 받는 저작물이야. 그래서 책에 나온 내용을 그대로 자신의 목소리로 널리 전달하는 북튜버는 당연히 저작권자의 허락을 받아야 해. 그런데 책은 보통 많은 사람의 손을 거쳐 만들어지기 때문에 누가 저작권을 가졌는지 정확히 알기 어려운 경우가 많아. 그래서 일단은 출판사에 연락해서 저작권자가 누군지 확인하고 허락을 받는 게 좋아.

반면, 책을 읽고 난 느낌이나 후기를 나누기 위해 책의 일부를 이용하는 것은 따로 허락을 받지 않아도 돼. 물론 이것도 저작권자에게 피해를 주지 않는 선에서만 가능하단다.

여기서 한 가지 더! 동의를 구하지 않고 사용할 수 있는 책들도 있어. 바로 저작물의 보호 기간이 지난 '만료 저작물'들이란다.

Q2 SNS에 여행지에서의 일상을 동영상으로 촬영해서 올렸어. 그런데 밤바다를 산책하는 장면에 근처 카페에서 틀어 둔 유명 가수의 음악이 함께 들어간 거야. 일부러 넣은 건 아니지만, 저작권료를 지급하지 않은 노래라서 저작권 문제가 생길까 봐 걱정돼.

A 그건 저작권법 위반이 아니야. 2019년부터 두 차례에 걸쳐 저작권법이 개정되면서, 사진을 찍거나 녹음 또는 녹화를 하는 과정에서 우연히 보이거나 들리는 저작물은 저작권 침해에 해당하지 않게 되었어. 그렇지만 모든 상황을 미리 기획하고 촬영하는 영화나 일부 방송에서는 이러한 부수적인 소리도 저작권 침해 사항이 된단다.

#저작권법
"조금 더 자세히 알아봐요!"

 실제로 이런 일이 있었어요

2025년 8월, 인기 애니메이션 '캐치! 티니핑'의 제작사가 허락없이 캐릭터 '하츄핑' 관련 굿즈를 만들고 판매한 업체들을 법원에 고소했어요. 법원에서는 저작권 침해가 인정된다며, 업체들에 수백만 원에서 천만 원대의 배상 판결을 내렸고, 대법원도 이를 그대로 인정했어요. 이번 판결은 캐릭터나 창작물을 무단으로 사용해 상품을 제작·판매하는 행위가 저작권법 위반임을 다시 한 번 명확히 한 사례였지요. 이처럼 저작권을 침해한 사례가 적발된 경우에는 '저작권법 위반', '부정경쟁방지법 위반' 등의 처벌과 민사상 손해 배상 책임을 물을 수 있어요.

앞서 EBS에서 제작하여 2019~2020년 사이에 큰 인기를 얻었던 캐릭터 '펭수'도 불법으로 캐릭터를 도용해서 상품을 만들고 영상을 제작하는 등 저작권이 크게 침해당한 일이 있었어요. 결국 제작사 측에서 펭수를 이용해 불법 상품을 판매한 업체를 저작권법 위반 혐의로 고소했답니다.

AI가 만든 작품의 저작권은 누구에게 있을까요?

여러분은 AI(인공 지능) 화가, AI 가수, AI 작가가 있다는 것을 알고 있나요? 요즘 AI는 단순히 정보를 모아서 문서를 작성하는 수준을 넘어, 음악을 만들고, 그림을 그리는 등 새로운 창작물까지 만들어 내고 있어요. 심지어 사진 공모전이나 작곡 대회에서 AI가 만든 작품이 수상할 정도로, 그 완성도도 매우 높아요.

그런데 AI가 만들어 낸 창작물의 저작권은 누구에게 있을까요?

우리나라는 아직 AI가 만든 창작물에 대한 저작권을 법으로 명확히 정해 놓고 있지 않아요. 현재 저작권법에 따르면 저작권은 '인간이 만든 창작물'을 기준으로 하고 있지요. 하지만 사람이 AI가 만든 결과물에 창작적인 표현을 더했다면, 그 부분에 대해서는 저작권을 가질 수 있답니다.

그렇다면 다른 나라는 어떨까요? 미국에서는 저작권을 '인간의 지적 창작물을 보호하는 권리'로 보고 있어요. 그래서 사람의 의도나 창의성이 더해지지 않은 독립적인 AI 창작물에 대해 저작권을 인정하지 않아요.

일본도 저작권을 '인간의 생각과 감정을 창작으로 표현한 것'으로 규정하고 AI를 도구로 활용해 사람이 창작했을 때만 저작권이 발생한다고 보고 있답니다. 이렇듯 강경한 다른 나라와 달리 유럽연합은 AI가 만든 창작물을 인간과 기계가 함께 만든 산물로 보고, 인간이 AI를 통제하거나 의도적으로 기여한 경우 저작권을 가질 수 있는 여지를 남겨 두고 있어요. 언젠가 AI가 자신의 창작물에 대한 권리와 책임을 갖는 날도 오게 될까요?

⭐ 이상한 전학생

"수지야, 거기 창문 좀 모두 열어 줄래?"

예솔이가 말을 건네자, 수지는 아무 대답 없이 조용히 창가로 다가갔어요. 예솔이는 대꾸조차 하지 않는 수지가 못마땅했지만, 괜히 신경 쓰지 않기로 했어요. 오늘 당번인 예솔이와 수지는 함께 교실 뒷정리 중이었지요.

수지는 2주 전에 예솔이네 반에 전학 온 친구예요. 친절한 예솔이는 물론, 반 친구들 모두 전학생에게 잘해 주려고 다가갔지만, 수지는 늘 어두운 표정으로 친구들을 피해 책만 읽었어요. 그러다 보니 자연스럽게 친구들과 멀어지고 말았지요. 게다가 더운 날씨에도 늘 긴소매 옷만 입는 수지가, 예솔이는 점점 이상하게 느껴졌어요.

예솔이가 한참 빗자루로 책상 밑의 쓰레기들을 모으고 있을 때였어요.

끼
이
익

...

선생님,
좀 이상한 걸 봤어요.

수지가 창문을 열자 '끼이익' 하는 괴상한 소리가 들렸어요. 예솔이가 무심코 그쪽을 바라본 순간, 수지의 옷 아래로 등이 살짝 드러났지요. 예솔이는 얼결에 남의 속살을 보게 된 게 민망해 바로 고개를 돌리려 했지만, 그럴 수가 없었어요. 수지의 피부는 군데군데 얼룩져 있었고, 오른쪽 옆구리에는 시퍼런 멍까지 있었거든요. 그건 얼마 전 책상 모서리에 부딪혀 퍼렇게 멍든 자기 허벅지와도 닮아 보였어요.

뭐, 확실히 이상하긴 했지만, 예솔이의 머릿속에는 평소 친구들을 본체만체 무시하는 얄미운 수지의 모습이 떠올랐어요.

'수지한테 무슨 일이 있든 말든, 그건 그 애 사생활이잖아. 내가 신경 쓸 일이 아니지!'

예솔이는 더는 궁금해하지 않기로 마음먹고, 수지 쪽을 보지 않으려고 애썼어요.

⭐ 저도 함께 갈래요

청소가 끝나자마자 수지는 인사도 없이 쌩하고 교실을 빠져나갔어요.

예솔이도 서둘러 가방을 챙겨 방과 후 수업을 받으러 갔어요. 그런데 수업 시간 내내 아까 본 수지의 시퍼런 등과 옆구리가 눈에 아른거렸어요. 아무리 생각해도 그냥 다쳐서 생긴 멍은 아닌 것 같았거든요. 자꾸만 무서운 생각들이 머릿속을 휘저으며 떠올랐어요.

결국, 수업 내내 도무지 집중할 수가 없었죠. 그렇게 수업을 마치고 교실을 나서는데, 복도 반대편 끝에서 퇴근하는 담임 선생님이 보였어요.

"예솔아, 조심해서 잘 가고 내일 만나자."

예솔이를 발견한 선생님이 반갑게 웃으며 인사했어요.

"······."

하지만 예솔이는 대답하지 않고 선생님을 바라보며 머뭇거렸어요. 뭔가 할 말이 있다는 것을 눈치챈 선생님이 예솔이를 가까이 불렀어요.

"예솔아, 무슨 일 있니? 선생님한테 편하게 얘기해 보렴."

"저기, 아까 수지랑 교실을 청소하는데 좀 이상한 걸 봤어요."

예솔이는 아까 본 수지의 수상한 모습을 조심스럽게 이야기했어요.

그러자 선생님이 고개를 천천히 끄덕였어요. 선생님도 뭔가 이상하다는 것을 느끼고 있었던 모양이에요.

"아무래도 안 되겠구나. 선생님이 수지네 집에 한번 가 봐야겠어. 예솔아, 얘기해 줘서 고마워."

"선생님, 제가 같이 가도 될까요? 수지가 너무 걱정돼요."

예솔이가 조심스럽게 물었어요. 선생님은 잠깐 고민했지만, 아무래도 또래 친구가 있으면 수지도 조금 더 편하게 마음을 열 수 있을 것 같아 허락해 주었어요.

⭐ 수지의 눈물

예솔이와 선생님이 차에서 내려 수지네 집 근처 골목으로 들어섰을 때였어요. 누군가 울면서 대문 밖으로 뛰어나오다가 그만 넘어지고 말았어요. 바로 수지였어요. 잔뜩 헝클어진 머리에, 눈물로 얼굴이 엉망이었죠.

선생님과 예솔이는 깜짝 놀라 재빨리 수지에게 달려갔어요. 수지의 무릎에선 피가 흐르고 있었어요. 서둘러 나오느라 겉옷을 챙겨 나오지 못했는지, 반소매로 드러난 팔뚝 여기저기에 시퍼런 멍 자국들이 선명하게 보였어요.

"수지야, 괜찮니? 달아나려 하지 마. 널 도와주러 온 거야."

선생님이 따뜻한 목소리로 말하자, 수지는 일어날 생각도 하지 못하고 주저앉아 큰 소리로 울기 시작했어요.

선생님은 수지의 등을 가만가만 쓰다듬으며 진정시켰어요. 그리고 가방에서 소독솜과 밴드를 꺼내 무릎의 상처도 치료해 주었지요.

일단 응급 처치를 끝낸 선생님은 아이들과 차 안으로 이동했어요.

"수지야, 우리가 널 도와줄 수 있게 솔직하게 얘기해 줄래? 사실 예솔이가 네 몸에 있는 멍을 보고 선생님한테 알려 준 거야. 우린 너를 정말 걱정하고 있어."

한참 울기만 하던 수지가 이야기를 시작했어요.

"아빠가 밤마다 술을 마시면 저를 때려요. 원래는 다정한 분이셨는데. 사업이 어려워진 뒤로 매일 싸우시더니 얼마 전엔 엄마마저 집을 나가셨어요. 그때부터 잠도 제대로 못 자고 밥도 잘 못 먹었어요."

예솔이는 수지가 그동안 얼마나 힘들었을지 생각하니 마음이 아팠어요. 그리고 수지가 그런 힘든 상황에 있다는 걸 모르고 그저 못 본 척하려 했던 일이 떠올라 너무 부끄럽고 미안했어요. 예솔이는 말없이 조심스럽게 수지의 차가운 손을 잡아 주었어요.

⭐ 폭력은 사랑이 아니야

"수지가 그동안 정말 많이 힘들었겠구나. 아빠가 수지한테 하신 행동은 분명한 학대란다."

잠자코 듣고만 있던 선생님이 어두운 목소리로 말했어요.

"그래도 저한테는 하나뿐인 아빠예요. 그리고 아빤 절 사랑하세요."

'학대'라는 선생님 말에 깜짝 놀란 수지는 애써 아빠를 감쌌지요.

"아니. 수지야, 폭력은 사랑이 아니야. 어떤 상황에서도 사랑하는 사람한테 폭력을 쓰는 건 절대 안 돼. 수지 네가 얼마나 소중한 존재인데, 넌 사랑받고 보호받아야 마땅해."

선생님은 부드럽지만 단호한 목소리로 수지에게 말했어요.

"그래도 아빠를 신고할 수는 없어요. 저는 아빠 말고는 다른 가족도 없다고요."

"수지야, 잘 들어. 수지가 원하든 원하지 않든, 선생님은 아동학대 신고 의무자이기 때문에 이 사실을 안 이상 반드시 신고해야만 해. 그리고 우리 수지를 돌봐 줄 곳은 걱정하지 않아도 된단다."

그렇게 수지를 설득한 선생님은 경찰과 아동보호시설에 신고했어요. 그리고 조용히 부탁했죠.

"얘들아, 오늘 일은 우리만 아는 비밀이다! 예솔아, 지켜 줄 수 있지?"

"물론이죠. 수지야, 그동안 미안해. 난 네가 그렇게 힘든 줄도 모르고,

괜히 이상한 애라고 생각했어."

예솔이는 꾹 참고 있던 눈물이 왈칵 쏟아질 것 같아 손등으로 급히 닦아 내고, 수지를 꼭 안아 주었어요.

"아니야. 내가 오히려 미안해. 전학 온 나한테 친절하게 대해 줬는데. 혹시라도 이런 내 모습을 들킬까 봐 일부러 멀리했었어."

수지도 두 팔 벌려 예솔이를 끌어안았어요.

그 뒤로 수지는 며칠간 학교에 나오지 않았어요.

선생님 말씀으론, 몸과 마음이 건강해지도록 치료를 받고 있다고 했어요.

그리고 얼마 뒤, 학교에서 다시 만난 수지는 머리도 깔끔하게 자르고, 옷도 말끔해져 있었어요. 그리고 한층 밝아진 모습으로 먼저 인사했지요.

이야기 속에 등장하는 수지의 아빠는 '아동학대범죄의 처벌 등에 관한 특례법'에 준하여 처벌받게 될 거예요. 부모라는 이유로 자녀에게 함부로 폭력을 행사하거나 적절한 양육과 보호를 하지 않는 것은 아동학대에 해당해요. 하지만 가정 내 아동학대의 경우, 대부분의 아동이 피해 사실을 숨기는 경우가 많아요. 폭력에 고통받으면서도 아이들은 부모의 사랑과 가정이란 울타리를 포기하는 게 쉽지 않거든요.

하지만 가정 내 폭력을 숨겨서는 안 돼요. 스스로를 지키기 위해서라도 용기를 내어 반드시 도움을 줄 수 있는 선생님이나 주위 어른들에게 알려야 해요.

주변에 학대를 당하고 있는 것 같은 친구가 있을 때도 마찬가지예요. 이야기 속의 예솔이처럼, 힘들어하는 친구를 알게 되었다면 모른 척해서는 안 돼요. 그렇지 않으면 무관심 속에서 학대가 지속되어 친구의 몸과 마음이 계속 병들어 갈 수 있어요.

최근 아동학대 사건들이 큰 논란이 되면서 사회적 관심이 늘어나긴 했지만, 여전히 아동학대로 목숨을 잃는 아이들이 끊이지 않고 있답니다.

관련 법률을 살펴봐요

아동학대범죄의 처벌 등에 관한 특례법(아동학대처벌법) 시행령

제4조(아동학대살해·치사)

① 아동학대범죄를 범한 사람이 아동을 살해한 때에는 사형, 무기 또는 7년 이상의 징역에 처한다.

② 아동학대범죄를 범한 사람이 아동을 사망에 이르게 한 때에는 무기 또는 5년 이상의 징역에 처한다.

③ 제1항의 미수범은 처벌한다.

제5조(아동학대중상해)

아동학대범죄를 범한 사람이 아동의 생명에 위험을 발생하게 하거나 불구 또는 난치의 질병에 이르게 한 때에는 3년 이상의 징역에 처한다.

알쏭달쏭! 그 법이 궁금하다, 궁금해!

Q1 우리 반 친구 중에 자주 학교에 빠지는 친구가 있어. 그런데 알고 보니 부모님이 걸핏하면 학교도 못 가게 하고 밤에는 잠도 못 자게 한다는 거야. 이런 것도 아동학대야? 때리지 않는데도?

A 아동학대의 종류에는 어린이에게 신체적으로 폭력을 가하는 신체적 학대뿐만 아니라 정서적 학대, 방임에 의한 학대, 성적 학대, 이렇게 네 가지 유형이 있어. 정서적 학대는 부모나 보호자를 포함한 어른이 아이에게 언어로 모욕을 주거나 정서적으로 위협하고 어딘가에 가두거나 행동을 억제하는 등 심리적으로 괴롭히는 것을 의미해. 예를 들어 밤에 일부러 잠을 못 자게 하는 것도 정서적 학대에 해당하지. 방임은 아동을 위험한 환경에 내버려 두거나 의식주, 의무교육, 의료적 조치 등 기본적인 보호와 돌봄을 하지 않는 것을 말해. 그래서 의무교육 기관인 학교에 보내지 않는 건 방임에 의한 학대에 해당해. 마지막으로 성적 학대는 성인이 18세 미만의 아동에게 강제로 성적인 행동을 하거나 그런 상황에 노출시키는 모든 행위를 가리킨단다.

Q2 엄마가 그러는데, 엄마 어릴 땐 '사랑의 매'라고 해서 잘못하면 많이 맞았대. 사랑의 매는 부모님이 나를 사랑해서 잘되라고 때리는 거라는데, 그럼 그건 괜찮은 거야?

A 아니. 절대 괜찮지 않아. 사실 과거 민법 제915조(징계권)에는 부모(친권자)가 아동의 보호나 교양을 위해 필요한 징계를 할 수 있다고 나와 있었어. 하지만 법무부에서 해당 조항이 체벌의 법적 정당성을 제시해 주는 조항으로 오해되어 왔다는 점을 들어 2021년 1월 26일에 폐지했어. 즉 부모의 자녀에 대한 체벌은 원칙적으로 금지되어 있는 거야.

#아동학대 #아동보호법
"조금 더 자세히 알아봐요!"

 실제로 이런 일이 있었어요

여러분 혹시 2020년도에 있었던 '정인이 사건'을 기억하나요?

태어난 지 8개월이 된 아기 정인이는 한 가정에 입양되었어요. 그런데 입양된 지 두 달만에 양부모로부터 신체적·정서적 학대를 받기 시작했어요. 여러 차례 정인이를 방에 혼자 두고 외출하거나 외식하는 등 방임하기도 했지요. 그러던 어느 날, 양부모가 정인이의 배를 심하게 때렸고, 결국 16개월이라는 어린 나이에 정인이는 세상을 떠나고 말았어요.

이 사건은 대한민국 국민 모두를 분노하게 했어요. 입양 당시 뽀얗고 통통했던 볼에 미소가 예뻤던 아기 정인이가 멍투성이의 삐쩍 마른 학대 피해 아동으로 변해 가는 모습은 너무나 충격적이었지요. 더 안타까웠던 건, 정인이가 사망하기 전에 이미 3번이나 학대 의심 신고가 있었지만 제대로 보호받지 못했다는 사실이었죠. 이 일을 계기로 '정인이법'이라는 법이 만들어졌어요. 정인이법의 정확한 명칭은 '아동학대범죄의 처벌 등에 관한 특례법 개정안'으로, 연 2회 이상 의심 신고 시 학대자로부터 즉시 분리, 경찰과 지역자치단체 공무원의 권한 강화, 아동학대살해죄 신설 등 아동학대에 대한 처벌을 강화하고 국가가 적극적으로 피해 아동을 보호할 수 있도록 했어요. 그런데, 이런 노력에도 불구하고 아동학대 사건은 아직도 줄지 않고 있어요. 2025년 1월에는 인천에서 40대 아버지가 11살 아들을 야구 방망이로 때려 숨지게 한 사건이 발생했답니다. 아버지는 법정에서 자신의 잘못을 인정했고, 아내도 함께 조사받고 있어요. 이처럼 우리 사회는 아직도 아동을 보호하는 데 많은 과제가 남아 있답니다.

**아동학대를 한 부모님의 권리를
자녀가 빼앗을 수도 있다고요?**

2022년 부모가 아동학대 등 친권을 가졌다는 이유로 자녀의 행복과 이익을 해치는 경우, 미성년 자녀가 직접 법원에 부모의 친권을 상실시켜 달라고 청구할 수 있도록 하는 '가사소송법 개정안'이 국무회의를 거쳐 국회 통과를 기다리고 있어요.

사실 지금까지는 자녀가 부모를 상대로 친권 상실을 청구하려면 특별 대리인을 선임해야 했지만, 개정안이 시행되면 자녀가 자신의 의사만 정확하게 밝힐 수 있다면 대리인 없이도 소송을 진행할 수 있게 될 거예요. 학대당한 아이가 직접 부모와의 인연을 끊을 수 있도록 법이 바뀌는 거랍니다.

4장

웃긴 사진으로
골탕 먹이기!

초상권

☆ 재밌는 장난

'아, 지루해. 왜 이렇게 시간이 안 가지?'

선우는 온라인 수업 중이었어요. 강력한 태풍 때문에 오늘은 등교하지 못했거든요. 오전 내내 컴퓨터 화면만 바라보며 선생님 설명을 들으니, 지루해서 온몸이 배배 꼬였지요.

다행히 방금 선생님이 주제를 주고 조별 토의를 하라며 소회의실을 열어 주었어요. 선우는 '드디어 선생님의 눈을 피할 수 있겠다'며 안도했죠.

드르륵드르륵.

그 순간, 책상 위 휴대폰이 진동했어요. 같은 반 친구 주원이의 문자였고 사진 한 장이 첨부되어 있었어요. 컴퓨터 화면에 뜬 자기 얼굴을 캡처한 뒤 그 위에 웃긴 낙서를 해서 보낸 것이었죠. 선우는 그 사진을 보

자마자 배꼽을 잡고 웃었어요.

"푸하하! 주원이는 진짜 웃기는 재주가 최고야!"

안 그래도 지루했는데, 이런 재미난 장난을 걸다니. 선우도 재빨리 자기 얼굴을 캡처했어요. 포토샵도 척척 다루는 선우는 훨씬 더 웃기게 만들 자신이 있었지요. 먼저 턱을 길게 늘여 얼굴을 키운 뒤 코 평수도 쫙 넓히고, 눈가와 입가에 주름까지 살짝 넣어 완성했지요.

"킥킥, 이거 열 살이 아니라 마흔 살이라고 해도 믿겠는데?"

⭐ 진짜 얄미워

선우는 조별 토의 중인 것도 까맣게 잊고, 주원이랑 서로 웃긴 사진을 주고받으며 깔깔거렸어요.

"이거 봐! 이건 진짜 레전드야!"

문자가 오갈 때마다 웃음은 배가 되었죠.

그런데 갑자기 '띠링' 소리와 함께 소회의실이 닫히더니, 선생님의 날카로운 음성이 들렸어요.

"주원이랑 선우! 뭘 하고 있길래 토의는 안 하고 계속 웃고만 있어?"

화면 속 혼내는 선생님 얼굴 옆으로 고소하다는 듯 웃고 있는 이안이의 얼굴이 보였어요.

'아, 얄미워.'

심지어 선우가 좋아하는 사랑이까지 선우를 한심하다는 듯 쳐다보는 것 같았어요.

'뭐, 수업이 좀 지루하면 장난도 칠 수 있는 거지. 선생님은 다른 친구들 다 보는 데서 창피하게.'

선우는 자기가 잘한 건 아니지만, 그래도 자꾸 짜증이 났어요.

선생님과 이안이, 모니터 화면에 나란히 놓인 두 얼굴이 정말 보기 싫었죠.

그 순간, 갑자기 재밌는 생각이 선우의 머릿속에 번쩍 스쳤어요.

선우는 재빨리 화면을 캡처하고 포토샵을 열었지요.

선생님의 눈썹은 송충이처럼 두껍게 그리고, 한쪽 눈에는 파란 얼룩을, 코에는 주르르 흐르는 콧물까지 정성스럽게 그려 넣었지요. 자꾸만 터져 나오려는 웃음을 겨우겨우 참아 가며 선우는 마우스를 바쁘게 움직였어요.

이어서 이안이의 얼굴에는 해리포터처럼 이마에 번개를 그려 넣고, 머리 위에는 악마처럼 뿔도 달아 주었어요. 웃고 있는 입꼬리 아래로는 피를 흘리는 것처럼 빨간 줄도 그려 넣고요.

'이런 내가 유치하다고? 그래도 상관없어. 난 재밌으니까.'

✹ 재밌는 건 같이 봐야지

선우는 그렇게 한참 동안 자신의 예술적 감각을 총동원하여 작품을 만들었어요. 그런데 혼자 보고 있기 너무 아깝다는 생각이 들었지요.

어디에 올릴까 고민하다가 자주 가는 게임 채팅방이 떠올랐어요. 그곳엔 웃긴 사진이나 동영상이 자주 올라오곤 했거든요. 선우는 늘 구경만 하던 눈팅족이었지만, 오늘은 드디어 자신도 뭔가를 올려서 사람들을 웃길 절호의 기회가 온 거였죠.

선우는 포토샵으로 웃기게 바꾼 선생님과 이안이의 사진을 채팅방에 올렸어요. 채팅방 사람들이 '대박!'이라고 엄지를 치켜세워 주었고, 선우는 자기의 실력을 인정받는 것 같아 기분이 한껏 들떴어요. 그런데 '재밌다, 웃기다, 대박이다'처럼 칭찬 일색의 채팅 사이로, 조금 다른 글이 보이기 시작했어요.

> ㄴ 남의 사진을 허락 없이 수정하고 공유하는 건 나쁜 행동이에요. 빨리 지우는 게 좋을 것 같아요.

'뭐래. 자기가 뭔데, 입바른 소리야. 자기 사진도 아니면서.'

선우는 무시하고 다른 사람들과 계속 웃고 떠들었어요.

며칠 후, 선생님이 심각한 얼굴로 교실에 들어왔어요. 그리고 말없이 컴퓨터 화면에 사진을 몇 장 띄웠지요.

순간 선우는 숨이 턱 막혔어요. 그 사진들은 바로 선우가 웃기게 포토샵 한 선생님과 이안이의 사진이었거든요.

영문을 모르는 아이들은 사진을 보자마자 웃음을 터트렸어요. 선우도 얼떨결에 같이 따라 웃었지요. 하지만 선생님의 날카로운 시선이 교실을 천천히 훑자, 아이들의 웃음소리는 금세 가라앉았어요. 잔뜩 굳은 표정의 선생님과 눈이 마주치는 순간, 선우의 심장은 마치 가슴을 뚫고 나올 듯 정신없이 방망이질했지요.

태연한 척했지만, 얼굴이 화끈거리고 손바닥엔 땀이 배었어요.

✪ 친구의 다친 마음

선생님이 무겁게 입을 열었어요.

"누군가 이런 사진을 만들어 인터넷에 퍼트린 일이 있었단다. 이 사실을 알고 나서 나도, 이안이도 힘든 시간을 보냈어. 특히 이안이는 자기도 모르는 사이에 자신의 사진이 여기저기 돌아다니는 걸 보고 큰 충격을 받았지. 그 일로 대인 기피 증상까지 생겨서, 결국 병원 치료를 시작했단다."

그제야 선우는 요즘 부쩍 어둡던 이안이의 표정과, 친구들과 잘 어울

리지 않았던 모습, 심지어 며칠 전부터 결석까지 한 일이 떠올랐어요.

'난 그냥 장난으로 그런 건데……. 이렇게 큰일이 될 줄은 정말 몰랐어.'

선생님은 잠시 숨을 고르고 다시 말을 이었어요.

"일단 퍼져 나간 사진들은 가능한 한 삭제 조치했어. 조만간 사이버수사대에도 신고할 생각이야. 그런데 이런 행동을 한 친구가 진심으로 사과하고 용서를 빈다면, 다시 한번 생각해 보려고 해."

'사이버수사대'라니, 선우는 눈앞이 캄캄해졌어요. 사실 처음에는 '이게 그렇게 잘못한 일인가?' 싶어 억울하기도 했죠. 하지만 만약 자신의 사진이 인터넷에 떠돌며 모르는 사람들에게 놀림거리가 된다면? 상상만으로도 소름이 돋고, 무서웠어요.

그제야 선우는 자신의 행동이 얼마나 경솔했는지 깨달았어요. 부끄러움과 미안함이 한꺼번에 밀려왔지요.

'선생님과 이안이한테 제대로 사과해야겠어! 그런데, 내 사과가 다친 마음까지 치유해 줄 수 있을까?'

이야기 속에서 주인공 선우는 온라인 수업 중 선생님과 친구의 얼굴을 허락 없이 캡처해서 함부로 변형하고, 그 이미지를 인터넷에 올렸어요. 이것은 명백한 초상권 침해에 해당해요.

여기서 '초상권'이란, 자신의 얼굴이나 모습이 동의 없이 사진이나 영상으로 촬영되거나 공개되지 않을 권리를 말해요. 또한 허락을 받았더라도 그 이미지가 비방이나 명예훼손의 목적으로 사용되거나, 돈을 버는 등 목적으로 이용될 경우 역시 초상권이 침해되었다고 봐요. 단, 이

때 제삼자가 보더라도 그 사람이 누구인지 알아볼 수 있어야 초상권 침해로 인정돼요. 즉, 얼굴이 또렷하게 나오거나, 비록 일부만 보이더라도 주변 정보와 함께 그 사람이 누구인지 알 수 있다면 초상권 침해랍니다.

관련 법률을 살펴봐요

민법 제750조(불법행위의 내용)

고의 또는 과실로 인한 위법행위로 타인에게 손해를 가한 자는 그 손해를 배상할 책임이 있다.

민법 제751조(재산 이외의 손해의 배상)

① 타인의 신체, 자유 또는 명예를 해하거나 기타 정신상고통을 가한 자는 재산 이외의 손해에 대하여도 배상할 책임이 있다.

헌법 제10조

모든 국민은 인간으로서의 존엄과 가치를 가지며, 행복을 추구할 권리를 가진다. 국가는 개인이 가지는 불가침의 기본적 인권을 확인하고 이를 보장할 의무를 진다.

헌법 제17조

모든 국민은 사생활의 비밀과 자유를 침해받지 아니한다.

알쏭달쏭! 그 법이 궁금하다, 궁금해!

Q1 얼굴 전체가 아니라 눈, 입 같은 일부만 올리거나, 몸만 찍어 올리는 건 괜찮지 않을까?

A 초상권 침해는 사진이나 영상을 보고 특정 사람임을 알아볼 수 있을 때 성립해. 신체 일부라도 그것을 통해 누군지 알아볼 수 있다면 초상권 침해에 해당하는 거야.

Q2 이모가 얼마 전에 미용 시술을 받았어. 그런데 며칠 뒤 시술받은 업체 블로그에 눈만 모자이크 처리한 이모의 시술 전후 사진이 올라온 거야. 이모는 허락한 적이 없는데 말이야. 화가 난 이모가 항의하자 업체에서는 눈을 가렸으니깐 괜찮다고 우긴대. 정말 괜찮은 거야?

A 눈을 모자이크했다고 해도 머리 모양이나 나머지 부분을 통해 이모의 지인들이 알아볼 수 있다면 초상권 침해가 맞아.

Q3 얼마 전 우리 학교에서 유명 예능 프로그램을 촬영했어. 우리 반 친구들에게 촬영 전에 동의서를 받았고, 나는 텔레비전에 나온다는 생각에 마냥 기뻐서 선뜻 동의했지. 촬영하는 동안은 정말 즐거웠어. 그런데 방송을 보고 너무 놀랐어. 글쎄 악마의 편집을 했더라고. 내가 완전 말썽꾸러기 악동이 되어 있는 거야. 촬영에 동의했으니 이런 일은 그냥 참아야 하는 걸까?

A 아니야. 촬영 및 방송 출연에 동의했다 하더라도 동의받았을 당시 약속한 것과 다르게 함부로 이용되었다면 초상권 침해가 맞아.

#초상권
"조금 더 자세히 알아봐요!"

 실제로 이런 일이 있었어요

2022년 초, 모델 A씨는 '가상 인간' 모델 제작을 위한 촬영에 참여했어요. 단순 참고 용인 줄 알았는데, 제작사는 AI로 A씨와 똑 닮은 가상 인간을 만들어 애초의 약속과 달리 뮤직비디오뿐 아니라 화보와 SNS 활동에도 활용했어요. A씨는 자신의 얼굴이 무단으로 사용되는 것에 큰 충격을 받았죠.

가상 인간 제작이 활발해진 지금, 제작사는 AI 기술로 만들어진 모델의 초상권 보호에 각별한 주의를 기울여야 해요.

또한 최근(2025년 7월 16일) 보도된 기사에 따르면, SNS에서 무단으로 얼굴이 노출돼 불쾌함을 겪는 사례가 잇따르고 있어 초상권 침해에 대한 사회적 문제가 커지고 있다고 해요. 인증샷 문화가 확산되면서 당사자의 동의 없이 얼굴이 퍼지는 일이 빈번해졌고, 이에 따른 법적 분쟁도 증가하는 추세랍니다.

내가 아닌 사람이 SNS에서 나인 척을 한다고요?

최근 SNS에는 다른 사람의 사진을 무단으로 올린 뒤 마치 자기인 것처럼 글을 올려 사람들의 관심을 끄는 일이 많아졌어요. 심지어 단순히 사진을 도용하는 데에서 그치지 않고 사칭 계정을 돈벌이로 이용하기도 하는데요. 누군가가 SNS에 내 사진과 동영상들을 올려놓고 나인 척 활동하고 있다고 생각하면 정말 끔찍해요. 이렇게 다른 사람을 사칭하는 행위는 엄연한 불법이에요.

'정보통신망 이용촉진 및 정보보호 등에 관한 법' 제48조(정보통신망 침해행위 등의 금지)에는 정보통신망을 이용하는 사람들이 꼭 지켜야 할 규칙과 책임이 명시되어 있어요. SNS 사칭 외에도 불법 스팸전송, 해킹, 정보통신망을 이용한 명예훼손 등의 행위를 단속하는 내용이 담겨 있어요.

5장

우리 윗집에
아이돌 스타가?

명예훼손

🌟 윗집에 이사 온 형이 혹시?

시후는 학원 셔틀버스에서 내리자마자 서둘러 집으로 향했어요. 오늘은 시후가 좋아하는 음악 방송이 하는 날이거든요.

그런데 아파트 공동 현관 앞에 커다란 이삿짐 트럭이 서 있었어요.

"누가 이사 오나? 그나저나 엘리베이터는 왜 안 내려오지?"

이사 때문인지 엘리베이터는 한참을 기다려도 내려올 기미가 보이지 않았어요. 하필 이사 오는 집이 시후 집 바로 위층이라 더욱 답답했죠.

시후는 이러다 늦겠다 싶어 계단으로 올라가기 시작했어요. 헉헉거리며 거의 집에 다다랐을 무렵, 위쪽에서 비상구 문이 열리고 누군가 내려오는 소리가 들렸어요. 올려다보니 모자를 푹 눌러쓰고 마스크까지 해서 얼굴을 알 수 없는 사람이 내려오고 있었지요.

시후는 순간 무서운 생각이 들어 조용히 옆으로 비켜섰어요. 하지만

하필 같은 방향으로 몸을 움직이는 바람에 서로 부딪히고 말았어요. 그 순간, 그 사람 손에 들려 있던 휴대폰이 바닥에 떨어지고 모자가 위로 들리면서 시후는 깜짝 놀랐지요.

'어! 얼굴이 익숙한데, 누구더라? 맞다, 선샤인!'

분명 유명 아이돌 그룹 '유니버스'의 선샤인 형이었어요. 마스크로 얼굴을 가렸어도 바로 알아볼 수 있었지요. 시후는 재빨리 떨어진 휴대폰을 주워서 내밀었어요.

그 사람은 급히 모자를 다시 눌러쓰고 휴대폰을 낚아챘어요.

"저기, 잠깐만요. 선샤인 형 맞죠? 저 완전 형 팬인데요. 사인 좀 해 주세요. 지금 이사 온 거죠? 저 바로 아랫집에 살아요. 형!"

그때 계단으로 누군가가 올라오는 소리가 들렸어요. 그러자 자기는 선샤인이 아니라고, 길 막고 서 있지 말라면서 화를 내고 가 버렸지요.

⭐ 난 거짓말쟁이가 아니야!

버럭 화를 내던 선샤인의 모습은 시후가 그동안 알고 있던 친절하고 따뜻한 이미지와는 완전히 달랐어요. 왠지 모르게 화가 났어요. 나름 형의 열성 팬이었는데……. 갑자기 음악 방송을 보려고 했던 마음도 싹 사라져 버렸어요.

그냥 숙제를 핑계로 방으로 들어와 컴퓨터를 켰지요.

그런데 포털사이트 메인 화면에 선샤인의 기사가 올라와 있는 거예요. 새로 방영될 청소년 드라마의 주인공으로 전격 캐스팅되었다는 내용이었죠. 평소 보여 주던 예의 바르고 따뜻한 이미지에 딱 어울리는, 정의로운 역할로요.

갑자기 아까 자기에게 거칠게 말하고 돌아서던 선샤인 형의 모습이 떠올랐어요.

'쳇! 따뜻하고 바른 이미지? 말도 안 돼!'

시후는 기사 아래 댓글 쓰기를 클릭했어요. 그리고 분노의 마음을 담아 키보드를 두드리기 시작했지요.

> ㄴ 선샤인 완전 구라쟁이다. 엄청 싸가지 없다.

그랬더니 바로 댓글이 달렸죠.

> ㄴ 네가 선샤인에 대해 뭘 안다고 이렇게 쓰냐? 빨리 지워라.

시후는 질세라 또 댓글을 달았어요.

┗, 내가 봤다. 우리 아파트에 산다. 좀 전에 봤는데 별로 잘생기지도 않았더라.

그러자 또 댓글이 달렸어요.

┗, 그럼 너희 집 주소 인증해 봐라. 확인 안 되면 넌 거짓말쟁이다.

시후는 자기가 거짓말쟁이로 몰리는 게 너무 억울했지요. 그래서 막 댓글에 주소를 적으려던 참이었어요.

"시후야, 너 이리 나와 봐."

갑자기 밖에서 엄마가 부르는 목소리가 들렸어요. 나가 보니 엄마가 벌겋게 달아오른 얼굴로 시후를 노려보고 있었어요. 시후는 영문을 몰라 초조하게 엄마 입술만 바라보며 다음 말을 기다렸어요.

✪ 옥상 위의 울음소리

"너 제대로 공부하고 있는 거니? 방금 학원 선생님이 전화하셨는데 이번 달 평가에서 10점이나 떨어졌대. 옆집 서아는 잘 봐서 레벨 업 한다는데, 넌 이러다 지금 레벨에서도 떨어지겠어!"

시후는 올 것이 왔다는 생각이 들었지요. 그렇지 않아도 이번 시험이 평소보다 어려워서 걱정하고 있었거든요. 가뜩이나 시험을 못 봐서 속상한데 서아랑 비교까지 하며 혼내는 엄마가 야속했어요.

"엄마, 너무해! 나도 공부 열심히 했단 말이야. 그리고 내가 엄마를 서아 엄마랑 비교하면 좋겠어?"

시후는 엄마를 향해 큰 소리로 외쳤어요. 예상치 못한 시후의 반응에 엄마는 입을 다물지 못하고 눈만 깜빡였지요. 엄마가 다음 말을 찾지 못해 망설이는 사이, 시후는 현관문을 거칠게 열고 밖으로 나갔어요. 하지만 마땅히 갈 곳이 없었지요. 시후는 무작정 엘리베이터를 타고 맨 위층, 옥상으로 향했어요.

묵직한 문을 열자 확 트인 공간이 나타났어요. 이미 늦은 밤이라 옥상은 텅 비어 있었죠.

아니 그런 줄 알았어요. 그 소리를 듣기 전까지는 말이에요.

"흑흑…… 흑흑…….."

갑자기 어디선가 서럽게 우는 소리가 들렸어요.

'헉! 아무도 안 보이는데 어디서 울음소리가? 혹시 우리 아파트 옥상에 귀신이 사나?'

시후는 갑자기 오싹한 기분이 들었어요. 하지만 점차 어둠에 익숙해지면서 사람 같은 검은 실루엣이 보였어요. 그 사람은 어린아이처럼 엉

엉 소리를 내며 한참을 울었어요. 그 옆엔 누군가가 울고 있는 사람의
어깨를 도닥이고 있었고요.

안 그래도 엄마한테 혼나서 울고 싶은 마음뿐이었던 시후는 자기도 모
르게 눈시울이 붉어졌어요.

⭐ 형, 정말 미안해요

다행히 그 사람들은 옥상에 시후가 올라온 것을 모르는 눈치였어요.
시후는 어쩐지 들키면 안 될 것 같아 기둥 뒤로 몸을 낮추고 쪼그려 앉
았어요. 상황을 봐서 조용히 내려갈 생각이었죠.

그때 둘 중 한 사람이 잠시 주변을 살피는가 싶더니 말했어요.

"선샤인, 다 울었어? 이제 좀 괜찮아?"

시후는 깜짝 놀라 자기 입을 틀어막았어요.

'선샤인? 울고 있던 사람이 선샤인이라고?'

귀가 절로 그쪽으로 쫑긋 세워지는 것 같았지요.

"매니저 형, 나 내일 사인회 좀 취소해 주라."

'매니저? 사인회?'

본의 아니게 대화를 엿듣게 된 시후의 머릿속에 물음표가 하나씩 늘어
갔어요.

"그건 한참 전에 약속된 거잖아. 이제 와서 어떻게 취소해."

"형, 나 아무래도 대인 기피증인가 봐. 사람들 만나는 거 너무 두려워. 내 앞에선 웃으면서 친근하게 굴다가 돌아서서는 악성 댓글 달고 그럴지도 모르잖아. 나에 대해 잘 알지도 못하면서 말이야."

시후는 갑자기 얼굴이 빨갛게 달아올랐어요. 방금까지 자기가 한 행동이 떠올랐던 거예요.

"그런 사람들 다 고소해서 벌 받게 하자. 잘못도 없는 네가 왜 숨어!"

"그 사람들 혼내 주고 나면 내 마음이 원래대로 편해져? 마음속 상처가 아무 일도 없었던 것처럼 사라지는 거냐고……. 흑흑. 그냥 다 그만두고 싶어."

고요한 옥상에 구슬픈 울음소리만 퍼져 나갔어요.

시후는 악성 댓글 때문에 선샤인 형 같은 대스타가 이렇게 힘들어할 줄은 꿈에도 몰랐어요.

하긴 시후는 엄마한테 싫은 소리를 듣고도 속상했는데, 알지도 못하는 사람들이 자기를 욕하는 글을 본 형의 마음은 더 힘들 것 같았지요.

시후는 자기가 쓴 댓글을 빨리 지워야겠다고 생각했어요. 그리고 마음속으로 간절히 외쳤어요.

'형, 정말 미안해요!'

이야기 속에서 시후가 저지른 행동은 '인터넷 명예훼손죄'에 해당하여 처벌받을 수 있어요. 표준국어대사전에 따르면, '명예'란 세상에서 훌륭하다고 인정받는 이름이나 자랑, 또는 그런 존엄이나 품위를 뜻하는 말이에요. 즉, 한 개인이 일생에 걸쳐 노력해서 쌓아 온 소중한 사회적 평가인 거지요. 그러므로 다른 사람에 대해 함부로 험담하거나 비난하는 말을 공공연히 할 경우 명예훼손에 해당하여 법적인 책임을 질 수 있어요.

요즘은 인터넷과 같은 사이버 공간이 점점 더 확장되면서, 인터넷 명예훼손 문제가 큰 사회적 이슈가 되고 있어요. 아마 친구들도 연예인들의 인터넷 기사나 SNS 사진 등에 악성 댓글을 달아 명예훼손으로 고소당한 네티즌들에 대한 이야기를 들어 본 적이 있을 거예요. 흔히 '공인'이라고 하는 연예인이나 정치인, 운동선수, 예술가 등 사회적 평판이나 이미지가 중요한 사람들은 이미지에 타격을 입었을 때 그 피해가 정말 커요. 물론 공인이 아니더라도 나의 명예와 타인의 명예가 훼손되지 않도록 늘 조심해야겠지요.

관련 법률을 살펴봐요

형법 제307조(명예훼손)

① 공연히 사실을 적시하여 사람의 명예를 훼손한 자는 2년 이하의 징역이나 금고 또는 500만 원 이하의 벌금에 처한다.

② 공연히 허위의 사실을 적시하여 사람의 명예를 훼손한 자는 5년 이하의 징역, 10년 이하의 자격정지 또는 1천만 원 이하의 벌금에 처한다.

정보통신망 이용촉진 및 정보보호 등에 관한 법률 제70조(벌칙)

① 사람을 비방할 목적으로 정보통신망을 통하여 공공연하게 사실을 드러내어 다른 사람의 명예를 훼손한 자는 3년 이하의 징역 또는 3천만 원 이하의 벌금에 처한다.

② 사람을 비방할 목적으로 정보통신망을 통하여 공공연하게 거짓의 사실을 드러내어 다른 사람의 명예를 훼손한 자는 7년 이하의 징역, 10년 이하의 자격정지 또는 5천만 원 이하의 벌금에 처한다.

알쏭달쏭! 그 법이 궁금하다, 궁금해!

Q1 인터넷상에 악성 댓글을 단 사람은 모두 명예훼손죄로 처벌받는 거야?

A 아니. 꼭 그렇지는 않아. 명예훼손죄는 '반의사불벌죄'에 해당해서 피해자가 가해자의 처벌을 원치 않는다면 처벌받지 않을 수도 있어. 하지만 그렇게 합의하는 과정 또한 쉽지 않아. 그리고 최근 들어 악성 댓글 등으로 인해 극단적인 선택을 하는 피해자가 늘고 있어 엄벌로 다스려야 한다는 사회적 분위기가 형성되고 있단다. 물론 처벌되든 안 되든 악성 댓글로 누군가를 상처 주는 어리석은 행동을 하면 안 되겠지?

Q2 그런데 요즘 연예인이나 운동선수 같은 공인의 과거 범죄 사실을 폭로하는 글이 종종 올라오곤 해. 이런 경우도 명예훼손이야?

A 아니. 연예인이나 운동선수 같은 공인에 대한 폭로의 내용이 진실이고, 공공의 이익을 목적으로 국민이 꼭 알아야 할 중요한 사실에 대해 알리는 경우에는 명예훼손에 해당하지 않아. 형법 제310조(위법성의 조각)에도 나와 있듯이, 사실에 근거하고 공공의 이익을 위한 진실한 행위라면 처벌받지 않거든. 다만, 허위 사실이거나 사적인 목적일 경우에는 명예훼손이 될 수 있으니 주의해야 해!

#명예훼손
"조금 더 자세히 알아봐요!"

 실제로 이런 일이 있었어요

　2022년 5월 유명 배우 A씨가 온라인상에서 유명 방송인과 결혼을 준비 중이라는 소문이 돌았어요. 하지만 소속사 측에서 인터넷과 각종 커뮤니티, SNS 등을 통해 퍼지고 있는 이 소문은 사실이 아니라고 공식적으로 밝혔지요. 그리고 이렇게 거짓 사실을 유포하여 배우의 명예를 훼손하는 네티즌을 상대로 강력하고 엄중한 법적 조치에 나설 예정이라고 강조했어요.

　결혼이라는 일생일대의 중요한 사생활을 가지고 그런 거짓 소문이 퍼졌으니 해당 배우는 정말 많이 힘들었을 거예요.

유엔에서 우리나라의 명예훼손죄에 대해 할 말이 있다고요?

형법 제307조 명예훼손 1항에는 '사실적시 명예훼손죄'에 관해 나와 있어. 사실적시 명예훼손이란, 말한 내용이 사실일지라도 그로 인해 상대방의 명예가 훼손되었다고 판단되면 명예훼손으로 보는 거야.

예를 들어, 지훈이가 교실에서 방귀를 뀌었는데 예진이가 그 사실을 친구들에게 퍼뜨렸다고 가정해 보자. 지훈이가 방귀를 뀐 것은 진짜지만, 이를 친구들에게 알림으로써 평소 깔끔했던 지훈이의 명예가 떨어졌다면 예진이를 명예훼손으로 고발할 수 있다는 거지. 이 법은 개인의 인격권 및 사생활의 자유를 보호해 주기 위해 만들어진 거란다.

그런데 유엔(UN)에서는 2011년과 2015년 두 차례에 걸쳐 우리나라에게 사실적시 명예훼손죄를 폐지하라고 권고했어. 이 법이 민주주의 핵심인 표현의 자유를 침해한다는 거야.

사실 전 세계에서 명예훼손을 형법상 범죄로 처벌하는 나라는 극히 드물어. 영국은 2010년 개인 간 명예훼손죄를 폐지했고, 미국은 대부분 민사상 손해 배상을 통해 문제를 해결하고 있어. 또한 독일, 프랑스, 오스트리아, 스위스, 일본 등에서는 사실적시 명예훼손 처벌 규정은 있지만, 그 내용이 사실이면 처벌을 면하는 경우가 많아.

이 법 때문에 피해자가 가해자가 되는 경우도 있어. 예를 들어 학교폭력, 성폭력, 사회 비리, 양육비를 지급하지 않는 배드 파더 등 피해 사실을 폭로했다가 역공격을 입게 되는 경우가 실제로 많이 일어나거든. 물론 실제 법적 판단을 내릴 땐 '공공의 이익'을 위한 사실 공개인지, '악의적'인지 등을 고려해서 결정한단다.

표현의 자유 vs 인격권, 둘 다 모두 중요한 기본권이라는 건 의심할 여지가 없기 때문에 앞으로도 이 논란은 계속될 것 같아.

내 사랑을 위해 돈이 필요해!

서준이가 짝사랑하는 민아의 생일이 바로 다음 주로 다가왔어요. 얼굴도 예쁘고 공부도 잘해 우리 반 최고 인싸인 민아를 좋아하는 남자아이들이 한둘이 아니었지요. 서준이는 어떻게든 멋지게 고백해서 민아의 마음을 얻고 싶은데 용기가 나지 않았어요. 고민 끝에 생일날 멋진 선물을 주면서 마음을 전하기로 했답니다.

'어떤 선물을 주면 좋을까?'

서준이는 선물을 고르다가 가격을 보고 깜짝 놀랐어요. 사고 싶은 건 모두 너무 비쌌거든요.

서준이는 돈이 필요했어요.

'아빠, 엄마한테 달라고 할까? 아니야, 무슨 친구 선물을 사는데 그렇게 돈을 많이 쓰냐며 거짓말한다고 생각할 거야.'

아무래도 아빠, 엄마한테 부탁하는 건 어려울 것 같았어요. 만약 서준이가 여자인 친구한테 선물하려는 걸 알면 놀리듯 꼬치꼬치 캐물을 게 뻔했죠. 그건 생각만 해도 귀찮고 싫었어요.

우선 며칠간 설거지, 빨래 개기, 신발 정리 같은 집안일을 하며 엄마한테 용돈을 탔어요. 하지만 그렇게 500원, 1,000원씩 모아서는 어림도 없었죠. 어떡하면 좋을까 고민하는데 텔레비전에서 '알바 헤븐'이라는 아르바이트 광고가 나오는 거예요.

'그래! 아르바이트! 내가 할 수 있는 아르바이트가 있지 않을까? 난 뭐든지 잘할 자신이 있는데…….'

"엄마, 내가 할 수 있는 아르바이트 없을까?"

서준이는 같이 텔레비전을 보던 엄마한테 넌지시 물었어요.

"뭐? 별 희한한 소리를 다 하네. 어린이는 아르바이트 못 해. 15세 미만은 일할 수 없다고 법으로 정해져 있거든."

엄마는 어이없다는 표정으로 대답했어요.

"그런 법이 어딨어?"

서준이는 말도 안 된다며 따져 물었지요.

"에이그, 근로기준법이라고 그런 법이 있어. 너 같은 어린이들이 힘든 일을 하지 않도록 지켜 주고, 부모님의 보호 아래 열심히 공부나 하라고 말이야."

역시 엄마랑은 말이 안 통했어요.

'설마 이 넓은 세상에 내가 돈을 벌 수 있는 일이 하나도 없을까?'

⭐ 은밀한 제안

서준이는 엄마한테 잠깐만 나갔다 온다고 둘러대고, 절친 수한이를 꾀어 밖으로 나왔어요. 사실 수한이도 포크몬 캐릭터 로봇을 사려고 용돈을 모으고 있었거든요. 그래서 아르바이트를 구해 보자는 서준이의 제안에 선뜻 따라나섰어요.

둘은 먼저 아르바이트생을 구한다는 광고가 붙은 가게에 들어가 부탁했어요. 하지만 계속 퇴짜만 맞았지요. 우리 같은 어린아이들은 아르바이트를 시켜 줄 수 없다는 거예요.

그때였어요. 휴대폰을 보고 있던 서준이의 얼굴에 환한 미소가 번졌어요.

"수한아, 드디어 찾은 것 같아. 내가 나오기 전에 게임 사이트 채팅방에 알바 구한다고 올렸거든."

"진짜? 그래서 뭐 하는 건데?"

수한이가 기대에 찬 얼굴로 물었어요.

"아직 몰라. 근데 쉬운 거라 우리 같은 초등학생도 잘할 수 있대. 근처라서 일거리 들고 지금 이쪽으로 온다네."

잠시 뒤, 선글라스를 낀 어떤 아저씨가 말을 걸었어요.

"혹시 네가 '게임하면 서준킹'이니?"

"그럼 아저씨가 '나만 믿어'예요?"

서준이와 아저씨는 서로의 아이디를 확인했어요. 온라인에서만 대화하던 사람을 이렇게 직접 만나니 왠지 신기한 기분이 들었지요.

"아저씨, 그나저나 우리가 뭐 하면 되는 거예요?"

더는 궁금해서 못 참겠다는 듯 수한이가 끼어들었어요.

"짜잔! 바로 이 전단지를 돌리는 일이야. 너희 둘 다 각각 100장씩만 돌리면 돼."

"100장이요?"

아저씨는 옆으로 메고 있던 가방 속에서 두툼한 종이 뭉치를 꺼내 들었어요. 헬스장, 식당, 학원 등등 종류도 아주 다양했지요.

"다 돌리고 나면 한 명당 3만 원! 어때?"

"3만 원이요? 와, 최고다!"

100장이라는 말에 커졌던 둘의 눈이 3만 원이라는 말엔 정말 튀어나올 것만 같았어요.

"저 뒤로 보이는 아파트 단지를 돌면서 우체통마다 한 장씩 넣어. 단, 절대 경비 아저씨한테 들켜선 안 된다! 만약 들키면 무조건 뛰어. 근데 너희는 애들이라 크게 의심받지 않을 거야."

아저씨는 중요한 비밀을 알려 주는 것처럼 아이들을 가까이 불러 최대한 낮은 목소리로 조용히 말했어요.

서준이와 수한이는 들키면 안 된다는 말에 마음이 불편해졌어요. 꼭 나쁜 일을 하는 것 같았거든요.

"뭐가 걸리냐? 그럼 관둬라. 너희 말고도 한다는 애들이 줄을 섰으니. 다 돌아다녀 봐라. 이렇게 쉽게 돈을 벌 수 있는 일이 있는지."

아이들이 망설이는 것을 느낀 아저씨가 아쉽지 않다는 듯 말했어요.

"아니요. 할게요! 빨리 가요."

둘은 이러다 아르바이트를 놓칠세라 누가 먼저랄 것도 없이 동시에 외쳤어요.

⭐ 드디어 우리도 돈을 버는 건가?

아저씨는 아이들에게 전단지가 한 뭉치씩 담긴 에코백을 하나씩 건네 주었어요. 정확히 세어 보진 않았지만 대충 봐도 100장은 훌쩍 넘어 보였지요. 하지만 또 불평하면 진짜 일을 안 시켜 줄 것 같아서 목구멍까지 치밀어 오른 말을 도로 삼켰어요.

아저씨는 아이들을 앞세우고 뒤편 아파트 단지로 향했어요.

단지 안으로 들어서자, 아저씨는 마치 첩보 영화에서나 볼 법한 모습으로 몸을 한껏 낮춘 채 아이들에게 얼른 일을 시작하라고 손짓했어요.

아이들은 경비 아저씨의 위치를 살펴 가며 열심히 전단지를 꽂기 시작했지요.

"이거 생각보다 쉽고 간단한데?"

"그러게. 우리가 워낙 축구를 열심히 해서 체력 하나는 끝내주잖아."

서준이는 수한이를 보며 미소를 지었고, 수한이도 활짝 웃으며 맞장구쳤어요.

하지만 아이들의 미소는 그리 오래가지 않았어요. 어느새 둘의 다리에는 천근만근 무거운 돌덩이가 얹힌 듯 힘이 쭉 빠졌지요.

"너무 힘들어. 우리 아저씨 피해서 잠시만 쉬자."

"그래. 그리고 계속 걸었더니 배도 너무 고파."

아이들은 우체통에 전단지를 넣는 척하면서 그 아래 놓인 긴 의자에 잠시 앉았어요.

그런데 바로 그때였어요.

엘리베이터가 열리더니 경비 아저씨가 나오는 게 아니겠어요.

"너희들 지금 뭐 하는 거냐?"

경비 아저씨의 호통 소리가 쩌렁쩌렁 울렸어요. 서준이는 재빨리 수한이의 손을 잡고 도망치기 시작했어요. 아이들은 경비 아저씨를 따돌리기 위해 뛰고 또 뛰었어요.

⭐ 뒤늦은 깨달음

둘의 눈앞에 놀이터가 나타났어요.

"헉헉! 이제 그만. 나 도저히 더는 못 뛰겠어."

수한이가 서준이의 손을 놓고 바닥에 주저앉았어요.

서준이도 이곳이라면 다른 아이들도 있으니 안전하지 않을까 하는 생각에 잠시 멈췄지요.

"잡았다! 요 녀석들!"

하지만 결국 둘은 경비 아저씨 손에 잡히고 말았어요.

"그 가방 열어 봐라! 우체통마다 전단지를 넣은 게 너희들이지? 관리실에 허락도 받지 않고 전단지 넣으면 안 되는 거 몰라?"

"……."

둘은 할 말을 찾지 못해 서로 바라보기만 했어요.

"하긴, 너희가 뭘 알겠냐? 누가 시켰어? 전단지를 넣으려면 절차에 따라 광고비를 내야 한다고."

경비 아저씨는 한심하다는 듯이 둘을 내려다보며 말했어요.

"몰라요. 그냥 돈을 벌 수 있다고 해서요. 그 선글라스 낀 아저씨가요."

"선글라스? 또 그놈이구먼."

"그놈이요?"

"그래. 우리 아파트에 툭하면 나타나 몰래 전단지 넣고 도망가는 놈!

맨날 선글라스 끼고 요리조리 잘도 도망 다니더니. 이젠 애들까지 동원해서 전단지를 돌리다니! 난 그놈을 더 찾아봐야겠으니, 너희는 얼른 집에 가거라. 다음에 또 걸리면 그땐 용서하지 않을 거니깐, 명심해라!"

"가라고요? 저희는 그냥 못 가요! 돈 받아야 해요. 얼마나 열심히 했는데……."

경비 아저씨는 좀 전의 날카롭던 시선을 거두고 다정하게 다독이며 말했어요.

"아이고, 이 녀석들이 아직도 정신을 못 차렸구나. 그놈은 너희한테 돈을 줄 생각이 없어! 게다가 너희 같은 어린이들은 법으로도 돈 벌 수 없다는 거 몰라?"

아이들의 대답을 듣기도 전에 경비 아저씨는 서둘러 놀이터를 빠져나 갔어요. 서준이는 그제야 어린이의 노동은 법으로 금지되어 있다던 엄마의 말이 떠올랐답니다.

그나저나 이제 민아의 생일 선물은 어쩌죠? 꼭 비싼 선물만 좋은 선물은 아니겠지요?

이야기 속 주인공 서준이가 노동의 쓴맛을 제대로 본 것 같네요. 아마 이제는 아르바이트하겠다며 동네를 들쑤시고 다니는 일은 없겠지요.

서준이 엄마가 말했듯, 어린이는 노동을 할 수 없어요. '아동 노동'이란 18세 미만의 아동이 일하는 것을 말해요. 아동은 배우고 성장해야 하는 보호의 대상이기에 우리나라는 물론 국제적으로도 가혹한 형태의 아

동 노동을 금지하고 있어요. 유엔 아동권리협약 제32조에 따르면 '모든 아동은 경제적으로 착취당해서는 안 되며, 건강과 발달을 위협하고 교육에 지장을 주는 유해한 노동으로부터 보호받아야 한다'라고 명시되어 있지요. 하지만 지금도 세계 곳곳에서는 많은 아동이 생존을 위해 위험한 일터로 내몰리고 있답니다.

우리가 좋아하는 초콜릿의 주재료인 카카오가 자라는 코트디부아르 농장에서는, 어린이들이 20kg이 넘는 무거운 카카오 자루를 나르고, 벌레가 카카오 열매를 해치지 못하게 하기 위해 보호 장비도 없이 농약과 살충제를 뿌리는 일을 하고 있어요. 코트디부아르는 전 세계 카카오 생산량의 약 40~45%를 차지하는 최대 생산지랍니다. 또 세계에서 가장 가난한 나라 중 하나인 방글라데시에서는 많은 어린이가 아침 8시부터 밤 10시까지 일하면서, 성인 임금의 아주 적은 일부만 받는 열악한 환경에 놓여 있지요.

관련 법률을 살펴봐요

근로기준법 제64조(최저 연령과 취직인허증)

① 15세 미만인 사람([초·중등교육법]에 따른 중학교 재학 중인 18세 미만인 사람을 포함한다)은 근로자로 사용하지 못한다. 다만, 대통령령으로 정하는 기준에 따라 고용노동부 장관이 발급한 취직인허증을 지닌 사람은 근로자로 사용할 수 있다.

Q1 15세 미만인 연소근로자도 취직인허증을 발급받으면 일할 수 있다고 했잖아. 만약 나이를 속이거나 거짓말로 취직인허증을 받게 되면 어떻게 되는 거야?

A 고용노동부 장관이 거짓 또는 부적합한 방법으로 취직인허증을 발급받은 사실을 알게 되면 그 인허증을 취소할 수 있어. 그리고 혹시 취직인허증 없이 15세 미만의 청소년을 고용한 사업주는 근로기준법 제110조에 따라 2년 이하의 징역 또는 2천만 원 이하의 벌금형을 받게 돼. 또한 연소근로자 본인도 인허증 취소 등의 법적 제재의 대상이 될 수 있음을 꼭 주의해야 해. 이렇듯, 나이를 속이거나 거짓말로 취직인허증을 받는 건 불법이며, 자신과 주변 모두에게 피해를 줄 수 있으니 정직하게 절차를 따르는 것이 중요하다는 걸 잊지 마!

Q2 그럼 연소근로자는 근로 시간이나 임금에서 성인과 어떤 차이가 있어?

A 성인과 같은 최저임금의 적용을 받아. 그리고 유급휴일, 연장 및 휴일 근로수당, 산재 보험이 성인과 똑같이 적용되지. 하지만 근로 시간은 성인보다 짧아. 1일 7시간, 1주 35시간을 초과해서 일할 수 없어. 만약 야간근로(오후 10시~오전 6시)나 휴일근로를 시키려면 연소근로자의 동의와 고용노동부 장관의 인가를 받아야 해. 이때도 하루 1시간, 일주일 5시간 이내로만 연장근로가 가능하지. 즉, 연장근로를 해도 주당 총 40시간을 넘을 수는 없어.

#아동노동금지 #근로기준법
"조금 더 자세히 알아봐요!"

 실제로 이런 일이 있었어요

   2021년 10월, 특성화고 3학년 A군이 현장 실습 중 안타깝게 목숨을 잃는 사고가 있었어요. A군은 7톤 크기의 요트 바닥에 붙은 따개비를 물속에서 제거하다가 사고를 당했지요. 사실 A군은 미성년자일 뿐 아니라 자격증도 없어, 애초에 잠수 관련 일을 해서는 안 되었어요. 그럼에도 불구하고 업체가 일을 시킨 것은 근로기준법과 청소년 보호법을 위반한 행위였지요. 사고 이후 시민단체와 노동조합에서는 다시는 이런 일이 반복되지 않도록 학생 보호와 실습노동자의 권리 보장을 위해 현장실습제도 개선을 요구했답니다. 하지만 지금도 여전히 지켜지지 않는 현장이 있다고 하네요.

 **'키즈 유튜버 보호법'을 아세요?**

혹시 여러분은 좋아하는 키즈 유튜버가 있나요? 맛있는 음식을 먹거나 새로운 장난감을 가지고 놀면서, 혹은 다양한 놀이를 즐기면서 인기도 얻고 돈까지 번다고 부러워한 적은 없나요?

그런데 최근 한 연구 결과, 유튜브에 출연하는 아동들의 놀이는 대부분 순수한 놀이가 아니라 어른들이 수익을 위해 시키는 '놀이 노동'인 것으로 드러났어요. 이에 어린이 유튜버들의 인권 보호를 요구하는 목소리가 점점 커지고 있어요.

우리나라에서도 2021년, 키즈 유튜버를 포함한 아동대중문화예술인의 수익을 보호해 주고자 '대중문화예술산업발전법 개정안'이 발의되어 국회 통과를 기다리고 있어요. 통과되면 아동, 청소년 유튜버들의 권익 보호에 좋은 영향을 미칠 것으로 기대된답니다.

이미 프랑스는 2020년 10월 세계 최초로 '키즈 유튜버 보호법'을 제정해 16세 미만의 어린이 유튜버의 수입을 부모가 맘대로 사용하지 못하게 했어요. 또 영상 촬영 시 아동학대 방지를 위해 영상 개수와 수익이 일정 수준을 넘으면 허가를 받아야 하고, 어린이 권리, 어린이 이미지 활용 등과 관련된 규정을 어기면 처벌을 받지요.

미국의 '재키 쿠건법'은 아동의 노동 수입 일부를 신탁계좌로 관리한 뒤 성인이 되었을 때 돌려주는 제도로, 키즈 유튜버를 보호하기 위한 장치랍니다.

⭐ 내가 속이 좁았나 봐

은성이는 올해 처음으로 지훈이, 주호랑 같은 반이 되었어요. 같은 아파트라 오며 가며 가끔 마주치긴 했지만, '나와는 다른 세계 아이들'이라고만 생각했어요. 사실 지훈이와 주호는 공부도 잘하고 인기도 많아요. 늘 주위에 따르는 친구들이 많은 학교의 핵인싸들이죠. 반면 은성이는 늘 조용하고 교실에서도 있는 듯 없는 듯 별로 튀지 않는 아이였어요.

그런데 언제부턴가 지훈이와 주호가 먼저 은성이에게 다가오기 시작했어요. 등하교를 함께 하자고 했고, 때때로 하교 후에도 같이 놀자고 했지요.

은성이는 그런 관심이 처음엔 어색하고 낯설었지만, 싫지 않았어요. 오히려 그 친구들과 함께 다니니 마치 자신도 특별해진 것 같은 기분이 들기도 했지요.

99

100

하지만 시간이 지날수록, 은성이는 조금씩 그들과 함께 있는 시간이 편치 않았어요.

"은성아, 우리 오늘 매운 떡볶이 어때?"

"가자, 가자. 배고프니까 빨리 가자!"

수업을 마치고 교문을 나서며 지훈이와 주호가 은성이를 재촉했어요.

"그래. 그런데……."

"잠깐만. 재석아, 민호야, 너희도 시간 괜찮지? 같이 떡볶이 콜?"

은성이가 대답을 채 마치기도 전에 지훈이가 지나가는 다른 반 친구들까지 불러 세웠어요.

사실 은성이는 잘 모르는 친구들이라 좀 불편했지만, 싫다고 말할 용기가 없었어요. 괜히 거절했다가 겨우 생긴 친구를 잃을까 봐서였지요.

아이들은 분식점에 들어서자마자 세트 메뉴를 인원수대로 시켰어요.

"너무 많지 않아? 다 못 먹을 것 같은데."

은성이가 조심스럽게 말했지만 아무도 귀 기울이지 않았어요.

음식이 나오자 누가 먼저랄 것도 없이 정신없이 먹기 시작했어요. 하지만 예상대로 음식은 절반 넘게 남았죠.

은성이는 남은 음식들을 안타깝게 바라봤어요. 그러자 그걸 눈치챈 지훈이가 웃으며 말했지요.

"은성아, 음식 너무 아깝다. 우린 학원 가야 해서 안 되고, 네가 좀 싸가라. 이모, 여기 비닐 한 장만 주세요."

지훈이는 아주머니가 건넨 비닐에 남은 음식을 거침없이 담았어요.

"아니, 난 괜찮은데. 그리고 그거 다 섞여서……."

"왜? 어차피 뱃속에 들어가면 다 섞이잖아. 뭘 그렇게 까다롭게 굴고 그래. 그리고 환경을 생각해야지. 버리면 다 음식 쓰레기 되잖아. 학원만 안 갔으면 내가 가져갔을 거야."

지훈이는 남은 음식이 마구 뒤섞인 비닐봉지를 은성이에게 마치 큰 선심이라도 쓰는 듯 내밀었어요.

"그래. 우리가 양보할게."

옆에 서 있던 다른 친구들까지 지훈이를 거들며 나섰어요. 다들 웃음을 겨우 참고 있는 듯 어색한 얼굴로 은성이의 시선을 피했죠.

은성이는 할 수 없이 남은 음식이 든 비닐봉지를 받아 들었어요.

"은성아, 뭐 해? 계산해야지."

지훈이의 말에 당황한 은성이가 고개를 들었어요.

"어? 내가 또? 지난번에도 내가 샀잖아."

"그래서? 너 용돈 없어? 친구끼리 좀 살 수도 있지. 그걸 따지냐? 친구가 뭐 이래."

지훈이의 말에 기다리던 친구들의 눈에도 짜증이 번졌어요.

"어? 그래. 내가 계산할게. 미안, 미안. 내가 잘못 생각했어."

은성이는 자기도 모르게 사과하며 얼른 계산했지요.

하지만 집으로 가는 내내 불편한 기분을 떨칠 수가 없었죠.

'용돈을 벌써 다 써 버려서 어떡하지? 아냐. 친군데 살 수도 있지. 그래, 내가 속이 좁은 걸 거야.'

은성이는 나쁜 기분을 떨쳐 내려 애써 마음을 가다듬었어요.

☆ 내가 잘못 들었다고?

하지만 불편했던 건 그날이 끝이 아니었어요.

"야, 알지?"

4반이랑 반 대항 축구를 하러 나가려는 순간, 반장 지훈이가 은성이한테 달려와 팔로 어깨를 두르며 낮게 속삭였어요.

순간 은성이의 머릿속에 아침에 있었던 일이 스쳐 지나갔지요.

"야, 지은성! 같이 가야지."

아침 등굣길에, 지훈이와 주호가 은성이를 발견하고는 뛰어왔어요. 둘은 은성이의 양팔에 팔짱을 끼면서 세게 잡아당겼어요.

"이따가 축구 할 때, 공이 너한테 오면 무조건 나한테 패스해! 내가 기가 막히게 골을 넣을 테니까. 알았지? 무조건이야!"

지훈이가 눈에 잔뜩 힘을 준 채로 은성이를 보며 말했어요.

"지훈이가 우리 반 최고의 스트라이커잖아. 괜히 공 좀 차 보겠다고 까불다 뺏기지 말고."

어린 동생을 어르듯 다정한 말투와는 달리 주호가 잡은 쪽 은성이의 팔은 점점 아파 왔어요.

"그, 그래."

은성이는 못 이기는 척 조용히 대답했지요.

드디어 축구가 시작되었어요. 두 반은 서로 한 치도 물러서지 않는 치열한 승부를 벌였죠.

결국, 후반 10분을 남기고 점수는 2 대 2 동점! 아이들은 숨가쁘게 서로 뺏고 뺏기며 공을 몰았어요. 그때 살짝 한눈을 판 4반 수비수의 실수로 공이 은성이의 발 앞으로 굴러왔지요. 각도는 조금 애매했지만, 은성이가 힘껏 찬다면 바로 골로 이어질 수도 있는 상황이었어요. 그런데 그때 은성이의 오른쪽 시야로 지훈이가 들어왔어요. 그 순간 아침에 나눴던 이야기가 생각났지요.

사실 곳곳에 수비수들이 진을 치고 있어서 패스를 잘못했다간 공을 뺏길 수도 있었어요. 하지만 은성이는 무리인 걸 알면서도 지훈이를 향해 패스했어요. 불행히도 공은 지훈이의 근처도 가지 못하고 4반 에이스에게 추가 골의 기회만 안겨 줬지요.

그렇게 경기에서 지고 말았어요.

"야! 지은성! 너 때문에 졌잖아! 바로 앞에서 골대가 입을 쪽 벌리고 그저 던져만 주십쇼 하고 기다리고 있는데, 그걸 못 넣냐!"

"그러니까, 제대로 못 찰 것 같으면 공 근처에도 가지 말았어야지!"

잔뜩 화가 난 아이들이 은성이를 향해 거침없이 야유를 쏟아 냈어요.

그때였지요.

"야! 너희들 너무 그러지 마. 은성이라고 지고 싶었겠냐? 안 그래?"

지훈이었어요. 뜻밖의 옹호에 은성이는 잠시 멈칫했지만, 곧 이상한 기분이 밀려왔어요. 겉으로는 자신을 감싸는 말 같았지만, 그 말투가 묘하게 시선을 은성이 쪽으로 모으는 것 같았지요.

"아니, 지훈이 네가 학교 올 때 그러라고 했잖아. 무조건 너한테 패스하라며."

참았던 억울함이 터져 나왔지만, 지훈이의 눈과 마주치자 목소리가 뚝 끊겼지요. 차가운 시선이 은성이를 꿰뚫을 것만 같았거든요.

"뭐? 내가 언제 그랬어. 주호야, 내가 그랬어?"

"아니. 언제? 그냥 패스 잘하라고 했잖아. 은성이 네가 제대로 안 들었구먼. 친구야, 앞으로 귀 좀 잘 열자!"

주호는 은성이의 어깨에 팔을 걸치며 체중을 잔뜩 실었어요. 은성이는 어깨가 아프고 불편해 몸을 피하려고 했지만, 오히려 지훈이까지 합세해 그 위로 무게를 보탰지요.

'아니야. 나 제대로 들었는데……. 혹시 내가 잘못한 게 있나? 얘들이 나한테 왜 이러지? 물어볼까? 아냐, 내가 괜히 예민한 걸지도 모르잖아.'

은성이 머릿속엔 답을 알 수 없는 의문들이 꼬리에 꼬리를 물었어요.

⭐ 더는 참지 않을 거야

오늘은 지훈이의 생일 파티가 있는 날이에요. 은성이는 생일 선물로 지훈이가 평소 갖고 싶어 하던 게임 피규어를 샀어요. 신제품이라 꽤 비싸 레고를 사려고 모으던 용돈마저 모두 털어야 했지만, 기뻐할 지훈이를 생각하자 마음이 뿌듯했지요.

장소는 아파트 앞 상가에 있는 피자집이었어요. 은성이는 가까운데다, 빨리 선물을 전해 주고 싶은 마음에 10분이나 일찍 도착했지요.

"저기, 손지훈 생일 파티 왔는데요."

"저쪽 2번 파티 룸이다. 그런데 왜 이렇게 늦었냐? 다들 진작부터 와서 먹고 있었는데."

가게에 들어서서 어느 룸인지 묻자 가게 아저씨가 말했어요.

'그럴 리가 없는데, 어떻게 된 거지?'

은성이는 늦었다는 사실에 당황했지만, 서둘러 파티 룸으로 향했어요.

파티 룸이 가까워질수록 아이들의 왁자지껄한 소리가 점점 커졌어요.

은성이가 막 조심스레 문을 열려고 하던 참이었어요.

"야, 반장~! 너 왜 우리 반 찐따랑 계속 어울리냐?"

도현이 목소리였어요.

'찐따라니? 설마 나?'

은성이의 심장이 미친 듯이 뛰기 시작했어요.

"왜, 귀엽잖아. 내가 하라는 대로 다 하고 먹고 싶은 것도 다 사 주고. 덕분에 소외된 친구 잘 챙긴다고 선생님한테 칭찬도 받고."

"야, 그럼 적당히 해야지. 오늘도 30분 늦게 불렀다며? 그때까지 남은 피자가 있겠냐?"

너무하다는 세호의 말에, 지훈이가 모두를 향해 말했어요.

"괜찮아. 또 걔가 잘못 듣고 늦은 걸로 해. 음료는 무한 제공이니 그거 챙겨 주지 뭐. 암튼 걔 올 때 다 됐어. 다들 모른 척해라!"

은성이는 순간 눈물이 핑 돌았어요. 그런 줄도 모르고 지훈이가 좋아하는 선물을 산다고 그간 모아 둔 용돈까지 다 쓴 자신이 바보처럼 느껴졌거든요. 은성이는 뒤돌아 가게 밖으로 뛰어나갔어요.

'이건 학교폭력이야! 더는 당하지 않아! 나를 따돌린 너희를 용서하지 않을 거야.'

은성이는 더는 참을 수 없었어요. 휴대폰을 꺼내 번호 3개를 눌렀지요.

'117'

언젠가 학교폭력 예방 교육 시간에 배웠던 학교폭력 신고 번호를요.

이야기 속에서 친구들이 주인공 은성이에게 가한 행동을 '가스라이팅'이라고 해요. 가스라이팅이란 다른 사람의 심리나 상황을 교묘하게 조작해 그 사람이 스스로를 의심하게 만들어 자신의 뜻대로 조종하려는 행동을 말해요. 은성이가 계속 자신이 뭔가를 잘못하고 있다고 믿고 결국 지훈이와 주호가 하라는 대로 끌려다닌 것처럼 말이지요.

가스라이팅은 일종의 정서적 학대예요. 안타깝게도 애인, 가족, 직장 동료나 친구처럼 가까운 관계에서 자주 발생한답니다. 문제는 가스라이팅이 이른바 '소리 없는 폭력'으로, 점점 교묘해지고 있는 학교폭력의 한 유형으로 떠오르고 있다는 점이에요.

게다가 따돌림의 가해자는 지훈이와 주호만이 아니에요. 그들이 괴롭히는 것을 알면서도 모른 척하고 따돌림에 동조한 친구들 역시 가해자라고 볼 수 있어요.

학교폭력은 친구 간에 일어날 수 있는 가벼운 장난이 절대 아니에요. '학교폭력예방 및 대책에 관한 법률'에 따르면, 따돌림을 비롯한 강제적인 심부름이나 모욕, 강요, 사이버폭력 등 신체적·정신적·금전적으로 피해

를 입히는 모든 행위를 학교폭력이라고 정의하고 있어요. 그 정도가 심한 경우에는 형사 처벌까지 받을 수 있을 정도로 엄연한 범죄 행위예요.

학교폭력 사안이 접수되면 교육지원청에서 '학교폭력대책심의위원회'가 열려요. 여기서 피해 학생을 괴롭힌 사실이 확인되면 피해 학생은 보호를 받고, 가해 학생은 그 정도에 따라 서면 사과부터 사회봉사, 학급교체, 퇴학 등 처벌을 받게 돼요. 특히 갈수록 심각해지는 학교폭력을 막기 위해 최근에는 가해 학생의 학교폭력 기록을 졸업 후 4년간 보존하도록 법이 바뀌었어요.

관련 법률을 살펴봐요

학교폭력예방 및 대책에 관한 법률(학교폭력예방법) 제2조 (정의)

1. '학교폭력'이란 학교 내외에서 학생을 대상으로 발생한 상해, 폭행, 감금, 협박, 약취·유인, 명예훼손·모욕, 공갈, 강요·강제적인 심부름 및 성폭력, 따돌림, 사이버폭력에 의하여 신체·정신 또는 재산상의 피해를 수반하는 행위를 말한다.

1의2. '따돌림'이란 학교 내외에서 2명 이상의 학생들이 특정인이나 특정집단의 학생들을 대상으로 지속적이거나 반복적으로 신체적 또는 심리적 공격을 가하여 상대방이 고통을 느끼도록 하는 모든 행위를 말한다.

1의3. '사이버폭력'이란 정보통신망을 이용하여 학생들을 대상으로 발생한 따돌림과 그 밖에 신체·정신 또는 재산상의 피해를 수반하는 행위를 말한다.

알쏭달쏭! 그 법이 궁금하다, 궁금해!

Q1 학원 끝나고 집에 가는 길에 잠깐 놀이터에 들렀어. 그런데 중학교 형들이 갑자기 나타나더니 때리며 돈을 빼앗았어. 이것도 학교폭력이야? 학교에서도 아니고, 우리 학교에 다니는 형들도 아닌데?

A 학교 안팎에서 학생을 대상으로 발생한 모든 폭력은 학교폭력에 해당해. 놀이터에서 벌어졌더라도, 학생인 네가 폭력 피해를 입었다면 학교폭력이 맞아. 심지어 우주에서 벌어진 일이어도, 피해자가 학생이라면 학교폭력으로 보는 거란다.

Q2 친구들이 다른 친구를 때릴 때 그저 망만 보거나, 온라인 대화창에서 이루어지는 사이버폭력을 지켜보기만 해도 가해자가 되는 거야?

A 그래. 네가 직접 때리지 않았더라도, 그 자리에 같이 있었거나 고통을 당하는 친구를 돕지 않고 보기만 했다면, 너 또한 가해자라고 할 수 있어.

Q3 학교폭력을 저지르면 학교생활기록부에 올라간다는 말이 있던데, 정말이야? 그럼 대학 입시나 취직에서 불이익을 받을 수 있는 거잖아.

A 응, 맞아. 학교폭력을 저지를 경우에는 '학교폭력대책자치위원회'에서 결정한 조치(1~9호)가 학교생활기록부(학생부)에 기록될 수 있어. 비교적 낮은 조치(1~3호)는 졸업과 동시에 삭제되거나, 졸업 후 2년 뒤에 삭제될 수 있어. 하지만 심각한 학교폭력(조치 4호 이상)의 경우, 최대 4년 동안 삭제되지 않기도 해서 대학 입학이나 취업 심사 때 불이익을 받을 수도 있단다.

1호	2호	3호	4호	5호	6호	7호	8호	9호
피해학생에 대한 서면 사과	접근 금지	학교에서의 봉사	사회 봉사	특별교육/ 심리치료	출석 정지	학급 교체	전학	퇴학

학교폭력 조치 1~9호

#학교폭력
"조금 더 자세히 알아봐요!"

 실제로 이런 일이 있었어요

　최근 많은 연예인이 학교폭력 논란에 휩싸이고 있어요. 그 시작은 피해자들의 SNS 폭로였지요. 모두 한창 인기를 얻으며 활동하고 있던 배우나 아이돌 가수들이었기에 논란은 큰 관심을 불러일으켰어요.

　학폭 의혹에 대한 해당 연예인들의 반응은 다양했어요. 사실이 아니라며 억울해하기도 했고, 당시의 자기 행동을 부끄러워하며 사과하기도 했지요.

　폭력은 어떤 경우에도 이해받을 수 없는 행동인 만큼, 그들을 응원하고 사랑해 주던 팬들은 물론, 많은 사람의 비난을 피할 수 없었어요.

　결국 그들은 활동 중인 그룹에서 탈퇴하거나 드라마나 방송에서 하차해야만 했답니다. 과거의 잘못 때문에 열심히 노력해서 이루어 낸 현재의 꿈에서 멀어지게 된 거지요. 하지만 어린 시절 잘 모르고 한 실수라고 말하기엔, 폭력은 피해자에게 씻을 수 없는 상처를 주는 나쁜 행동이라는 점을 절대 잊지 말아야 해요.

 **학교폭력을 행사한 학생 선수는
체육특기자가 될 수 없어요**

2021년에는 학교폭력 피해를 폭로한 선수들의 '학폭 미투(#MeToo)' 운동과 체육계의 폭력 사건이 잇따라 발생했어요. 그러자 교육부는 더는 이런 피해를 본 선수들이 생기지 않도록 예방조치를 취하기로 했어요. 그래서 2023학년도 중·고등학교 입시부터 학교폭력 가해자의 체육특기자 지원 자격을 빼앗기로 했어요. 이뿐만 아니라, 학교폭력 기록이 있는 학생은 2025학년도 대학 입시부터 체육특기자 전형 지원 시 제약을 받게 되었답니다. 아무리 운동을 잘하고 대회 성적이 좋은 선수라도 학교폭력으로 학교폭력전담기구의 조치를 받은 일이 있으면 대학 진학이 어려워지게 된 거예요.

8장

좌충우돌
반장 선거

공직선거법

✦ 꼭 반장이 될 거야

'드디어 기회가 왔다!'

올해 3학년이 된 지연이는 다음 주에 반장 선거가 있다는 선생님 말씀에 가슴이 두근거렸어요. 그동안 저학년이라는 이유로 반장을 뽑지 않거나, 그냥 돌아가면서 해서 반장 선거를 한 번도 해 보지 않았거든요.

열 살, 인생 첫 반장 선거! 늘 앞에 나서기 좋아하는 지연이는 학급 대표인 '반장'이야말로 자기가 꼭 되어야 한다고 생각했어요. 그래서 제일 먼저 반장 출마를 신청했지요.

그리고 나자 반장에 대한 친구들의 생각이 궁금했어요. 그래서 친구들의 생각을 조심스럽게 떠보았어요.

"얘들아, 너희는 어떤 애가 반장이 되어야 할 것 같아?"

"글쎄……. 반장이라면 공부를 제일 잘해야 하는 거 아냐?"

"당연히 선생님 말씀 잘 듣는 착한 친구를 뽑아야지."

"발표도 잘하고, 매사에 솔선수범하는 친구?"

다들 공부 잘하고 모범적인, 마치 교과서에 나올 법한 뻔한 조건들을 떠올렸어요.

하지만 지연이는 공부를 잘하는 편이 아니었고, 수업 중에도 딴생각을 하다가 엉뚱한 질문을 해서 선생님께 지적받기 일쑤였죠. 아무리 생각해도, 친구들이 말하는 '이상적인 반장상'과는 거리가 멀었어요.

그렇다고 쉽게 포기할 하지연이 아니랍니다!

⭐ 반장 되기 프로젝트

지연이는 '한다면 하!지!연!'이라는 구호를 정하고, 반장이 되기 위한 특별 프로젝트를 시작했어요. 친구들의 마음을 사로잡기 위한 특급 전략이었죠.

우선 '맛있는 것 나누기'와 '소소한 선물하기'를 실천했어요.

"얘들아, 이거 먹어 봐. 정말 맛있는 건데 나 혼자 먹기는 많아서."

지연이는 웃으며 과자를 나눠 줬어요.

"아, 그리고 이거 우리 삼촌이 다니는 회사에서 나온 건데, 너희들도 하나씩 가져."

"야, 하지연! 선생님이 그런 거 주면서 표 얻으려고 하면 안 된다고 하셨잖아."

눈치 빠른 민영이는 지연이의 속셈을 바로 꿰뚫어 보았죠. 지연이는 애써 웃으며 태연하게 말했어요.

"아니야, 그런 거. 난 정말 선거랑 상관 없이 그냥 나눠 준 거야. 절대 나 뽑아 달라고 그러는 거 아니다! 오해하지 마."

지연이는 하는 수 없이 마음에도 없는 말을 했지요. 그때, 민영이 옆에 있던 지율이가 지연이의 말을 거들었어요.

"민영아, 네가 오해했나 봐. 지연이가 설마 그런 구린 짓을 하겠어? 그리고 난 이미 뽑을 사람 정해 놨어!"

"누군데? 누군데? 나도 알려 줘."

친구들은 지연이의 눈치를 살피며 자기들끼리 귓속말로 속삭였어요. 지연이는 관심 없는 척 고개를 돌렸지만, 쫑긋 세운 두 귀는 친구들을 향해 바짝 섰지요.

'뭐? 하은이?'

음식과 선물은 잘만 받아 놓고, 반장은 역시 하은이가 해야 한다니! 지연이는 자기도 모르게 주먹 쥔 손에 힘이 들어갔어요.

✦ 새로운 전략이 필요해

지연이는 부들부들 화가 났지만, 혹시 모를 표를 생각해서 대놓고 뭐라고 할 수 없었어요.

새로운 전략이 필요했어요. 다행히 어렵지 않게 방법들을 찾아냈지요. 바로 얼마 전에 있었던 어른들의 선거 운동에서 본 장면들이 떠올랐거든요. '상대 후보자에 대한 나쁜 소문 퍼트리기', '상대 후보자의 연설 피켓 망가뜨리기' 등등 각종 꼼수를 따라 하기로 했지요.

먼저 하은이에 대한 나쁜 소문을 만들어 냈어요.

"하은이가 선생님께 잘 보이려고 친구들의 잘못을 몰래 고자질한대."

처음에는 그럴 리가 없다고 믿지 않던 친구들도 시간이 지날수록 그 소문에 휩쓸리기 시작했어요.

그러면서 반 분위기도 서서히 달라졌지요. 지연이가 퍼트린 소문 때문에 하은이를 향한 친구들의 시선이 차갑게 식어 버린 것이죠. 이 기회에 그동안 지연이에게 선물 공세를 받던 친구들이 '지연이 미담 퍼트리기'에 적극적으로 나섰어요.

"요즘 교실이 깨끗한 건 지연이가 일찍 와서 청소를 해서 그래."

"지연이가 친구 고민도 잘 들어주고, 선생님 심부름도 잘하더라."

드디어 하루 앞으로 다가온 선거! 지연이는 반장은 이제 따 놓은 당상이라고 굳게 믿고 있었어요.

# 익명의 양심선언

그런데 그날 밤, 갑자기 친한 친구 수진이에게서 연락이 왔어요.

"지연아, 빨리 우리 반 홈페이지 익명 게시판 좀 봐!"

지연이는 깜짝 놀라 서둘러 홈페이지에 접속했지요.

게시판에는 '우리 반 반장 후보 하○○의 선거 비리를 폭로합니다'라는 제목의 글이 올라와 있었어요. 지연이가 친구들에게 이것저것 먹을 것을 사 주거나 선물을 건네는 모습이 담긴 사진과, 선거 운동을 하면서 퍼트려 달라고 했던 나쁜 소문에 관한 이야기까지 담겨 있었지요.

제목	우리 반 반장 후보 하**의 선거 비리를 폭로합니다
내용	202X년 X월 X일 얘들아, 너희가 꼭 알아야 할 일이 있어. 그동안 하은이에 대한 소문은 다 거짓말이야. (…중략…) 사실 지연이한테 부탁받아 잘못된 일인 줄 알면서도 동참했지만, 도저히 양심에 찔려서 더는 견딜 수가 없었어. 그리고 이런 행동을 한 지연이가 반장이 되는 걸 그냥 보고만 있는 것도 아닌 것같았고 말이야. 무엇보다 거짓 소문으로 힘들었을 하은이한테 정말 미안해.

'도대체 누가 이런 글을 쓴 거지? 내일이면 그렇게 바라던 반장이 될

수 있었는데……. 이럴 때가 아니지. 빨리 아니라고 해명을 해야겠어.'

지연이는 얼른 해명 글을 올려야겠다고 생각했어요. 하지만 어떤 말을 써야 할지 머릿속이 복잡해 고민하는 사이, 해당 게시물 아래에는 하나 둘씩 댓글들이 달리기 시작했지요.

> ┗ 나도 미안해. 사실이 아니라는 거 알고 있었는데, 선물을 주면서 부탁하는 바람에 거절하기가 힘들었어.
>
> ┗ 미안. 나도 확인되지도 않은 내용을 퍼트린 것 같아 마음이 좋지 않았어.
>
> ┗ 뭐야? 진짜 다 거짓말이었던 거야? 헐~! 하지연, 완전 깬다.
>
> ┗ 내가 아니라고 했잖아! 그땐 안 믿더니, 이제 와서 뭐냐? 잘 알지도 못하면서 떠든 너희들도 나빠.
>
> ┗ 그나저나 이쯤 되면 하 후보는 인정하고 사퇴해라!

🌟 언젠가 다시 기회가 주어진다면

댓글에 담긴 친구들의 솔직한 생각을 읽으며, 지연이는 부끄러운 마음에 얼굴이 화끈거렸어요.

처음엔 정말 멋진 반장이 되고 싶었는데, 어느 순간부터 무조건 당선

되어야 한다는 욕심에 사로잡혀 자기도 모르게 나쁜 행동을 서슴없이 해 버린 거예요.

지연이는 해명 글을 정리하려고 꺼내 둔 종이를 구겨서 쓰레기통에 던져 버렸어요. 모든 게 엉망이 되어 버린 지금 상황이 너무 속상했지만, 모르는 척 이 상황을 대충 넘어가 보려는 비겁한 사람이 되고 싶지는 않았거든요.

'그래! 한다면 하지연! 잘못도 당당하게 인정하는 거야! 내일 학교에 가서 하은이와 반 친구들에게 솔직하게 잘못을 고백하고 용서를 빌어야 겠어. 그리고 다음에 또 이런 기회가 온다면, 그땐 결과뿐만 아니라 과정까지 떳떳한 진짜 멋진 반장이 되어야지!'

선거란 어떤 조직이나 집단에서 대표나 임원을 뽑는 걸 뜻해요. 그중에서도 공직자를 선출하는 '공직 선거'는 헌법에 있는 선거권을 보장하기 위해 '공직선거법'이라는 특별한 규칙을 꼭 따라야 하지요. 여기서 말하는 '공직자'는 국가 기관이나 공공 단체에서 일하는 사람, 예를 들어 공무원이나 국회의원 등을 의미해요. 국가를 대표하는 대통령 또한 공직자에 해당하지요. 이러한 공직자를 뽑는 선거에서 뇌물을 주거나 거짓된 정보로 국민을 속인다면 선거의 공정성이 지켜질 수 없겠죠? 이를 방지하고자 공

직선거법이 있는 거예요.

물론 이야기 속 주인공 지연이가 출마한 반장 선거는 엄밀하게 보면 공직 선거는 아니에요. 하지만 미래의 주인공인 어린이들이 민주주의를 처음으로 직접 경험할 수 있다는 점에서 매우 큰 의미가 있지요. 국가의 권력이 국민에서 나온다는 민주주의 국가에서 선거는 실제 주인으로서 주권을 행사할 수 있는 아주 소중한 기회예요. 그래서 선거를 '민주주의의 꽃'이라고 부른답니다.

이처럼 중요한 선거를 공정하고 민주적으로 치르기 위해 우리는 직접 선거, 비밀 선거, 보통 선거, 평등 선거, 자유 선거의 다섯 가지 원칙을 지켜야 해요. 학급 반장 선거에서도 마찬가지지요.

관련 법률을 살펴봐요

대한민국 헌법 제116조

① 선거운동은 각급 선거관리위원회의 관리하에 법률이 정하는 범위 안에서 하되, 균등한 기회가 보장되어야 한다.

공직선거법 제7조(정당·후보자 등의 공정경쟁의무)

① 선거에 참여하는 정당·후보자 및 후보자를 위하여 선거운동을 하는 자는 선거운동을 함에 있어 이 법을 준수하고 공정하게 경쟁하여야 하며, 정당의 정강·정책이나 후보자의 정견을 지지·선전하거나 이를 비판·반대함에 있어 선량한 풍속 기타 사회질서를 해하는 행위를 하여서는 아니된다.

알쏭달쏭! 그 법이 궁금하다, 궁금해!

Q1 우린 몇 살부터 국회의원과 대통령을 내 손으로 직접 투표해서 뽑을 수 있어?

A 현재 우리나라에서는 18세 이상이 되면 직접 투표에 참여할 수 있어. 원래는 19세 이상만 선거에 참여할 수 있었는데, 2019년 12월 27일에 공직선거법이 바뀌면서 18세 이상으로 조정되었지. 그동안 경제개발협력기구(OECD) 국가 중 19세 이상에게 선거권을 주는 나라는 한국밖에 없었거든. 결국, 오랜 찬반 논쟁 끝에 2020년 4월 15일에 시행된 21대 국회의원 선거를 시작으로 18세부터 선거권을 가지게 되었단다.

Q2 요즘은 뭘 하든 인증이 대세잖아. 난 내가 처음으로 투표를 할 수 있는 날이 오면 꼭 인증 사진을 찍어서 자랑할 거야. 그런데 인증 사진을 어떻게 찍어야 할지 고민이야. 어쩌지?

A 반드시 명심해야 할 건, 사전투표소와 투표소 안, 기표소에서 촬영을 하거나 사전투표지 및 투표지를 촬영하여 SNS 등에 업로드 해서는 안 된다는 거야. 공직선거법 제166조의2 '투표지 등의 촬영행위금지', 공직선거법 제167조 '투표의 비밀보장'에 따라 선거법 위반에 해당 되거든. 기표소 내에서 투표지를 촬영할 경우 2년 이하의 징역 또는 400만 원 이하의 벌금에 처해질 수 있으니 꼭 주의해야 해! 그래도 꼭 인증 사진을 찍고 싶다면, 투표할 때 사용하는 도장을 손바닥이나 손등에 찍은 뒤 그것을 촬영하거나 손가락으로 엄지를 들거나 브이 등을 할 수 있어. 또한 후보자나 정당 대표자 등 선거관계자와 함께 촬영한 인증 사진도 가능해. 물론, 투표소 밖에 설치된 포토존이나 선거 벽보, 선전 시설물, 표지판 등을 활용하는 방법도 있고 말이야.

#공직선거법
"조금 더 자세히 알아봐요!"

 실제로 이런 일이 있었어요

2022년 국회의원 A씨가 공직선거법 위반 혐의로 재판에 넘겨져 당선이 취소되는 일이 있었어요. 해당 혐의는 2019년 1월부터 9월까지 3차례에 걸쳐 전통주와 책자 등 2,600여만 원 상당의 물품을 선거구민 377명에게 제공하고, 인터넷 방송과 선거공보물에서 허위 사실을 공표한 것이었죠.

이렇듯 선거는 결과뿐만 아니라 과정 또한 공정해야 한답니다. 그렇지 않으면 짧은 당선의 기쁨 뒤에 당선 무효라는 부끄러운 처벌을 짊어져야 할 수도 있어요.

선거가 끝난 뒤 선거공보물은 어떻게 될까요?

여러분, 선거 때마다 벽에 붙거나 집으로 배달되는 선거공보물을 본 적 있나요? 아직 투표권은 없어도, 어떤 후보가 무슨 공약을 내세우는지 유심히 살펴본 친구들도 있을 거예요.

그런데 수많은 돈을 들여 만든 이 많은 선거공보물은 선거가 끝나면 어떻게 될까요? 놀랍게도 아예 읽지도 않고, 봉투도 뜯지 않은 채 그냥 버려지는 경우가 많아요. 실제로 2025년 제21대 대통령 선거에서만 약 370억 원의 세금이 선거공보물 제작과 발송에 쓰였어요. 하지만 이렇게 제작된 종이 공보물이 거의 쓰레기로 버려지다 보니, 세금이 낭비될 뿐 아니라, 폐기 과정에서는 또다시 많은 온실가스를 내뿜어 환경 오염까지 일으키는 현실이지요.

이런 문제를 해결하기 위해 최근에는 전자 공보물로 바꾸자는 움직임도 있었지만, 인터넷 사용 환경이나 형평성 문제 때문에 아직 법적으로 전면 시행되지는 못하고 있어요. 환경을 진짜로 생각하는 선거 문화를 만들려면 앞으로 친환경 소재 사용, 현수막과 벽보 줄이기, 전자 공보물 도입 확대 같은 노력이 꼭 필요할 거예요. 우리 모두 환경도 함께 생각하는 똑똑한 선거, 그리고 세금이 헛되이 쓰이지 않는 미래를 응원해요!

🏆 생각쑥쑥 지식학교 06
10대를 위한 나를 지키는 법 이야기

초판 1쇄 발행 2025년 9월 30일

글 | 서민
그림 | 김지하

펴낸곳 | 보랏빛소
펴낸이 | 김철원

책임편집 | 김이슬
디자인 | 김규림
마케팅·홍보 | 이운섭

출판신고 | 2014년 11월 26일 제2015-000327호
주소 | 서울시 마포구 양화로1길 29 2층
대표전화·팩시밀리 | 070-8668-8802 (F)02-323-8803
이메일 | boracow8800@gmail.com

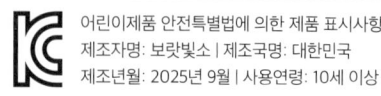
어린이제품 안전특별법에 의한 제품 표시사항
제조자명: 보랏빛소 | 제조국명: 대한민국
제조년월: 2025년 9월 | 사용연령: 10세 이상